MANAGERIAL

managerial wisdom
deep in history

历史深处的管理智慧

1

组织建设与用人之道

刘文瑞——著

中国书籍出版社
China Book Press

图书在版编目（CIP）数据

历史深处的管理智慧．1，组织建设与用人之道/刘文瑞著．—北京：中国书籍出版社，2018．5

ISBN 978-7-5068-6842-6

Ⅰ．①历… Ⅱ．①刘… Ⅲ．①管理学—通俗读物 Ⅳ．①C93－49

中国版本图书馆 CIP 数据核字（2018）第 071648 号

历史深处的管理智慧．1，组织建设与用人之道

刘文瑞　著

策划编辑： 王志刚

责任编辑： 王星舒

责任印制： 孙马飞　马　芝

封面设计： 久品轩

出版发行： 中国书籍出版社

地　　址： 北京市丰台区三路居路 97 号（邮编：100073）

电　　话：（010）52257143（总编室）　（010）52257140（发行部）

电子邮箱： chinabp@ vip. sina. com

经　　销： 全国新华书店

印　　刷： 北京旭丰源印刷技术有限公司

规　　格： 880 毫米 ×1230 毫米　1/32

字　　数： 178 千字

印　　张： 8. 25

版　　次： 2018 年 8 月第 1 版　　2018 年 8 月第 1 次印刷

书　　号： ISBN 978-7-5068-6842-6

定　　价： 98. 00 元

总序

拙作《史海管窥》出版后，得到师友多方鼓励。应博瑞森的掌门人张本心先生之邀，经过修订、补充、重新编排，增加了较多内容，更名为《历史深处的管理智慧》，分三册出版。

当初写这些稿子的动机，是想在历史与管理之间架起一座沟通的桥梁，从中汲取更多的智慧。现在市面上这类书籍越来越多，但总体上依然存在着学科隔阂。以管理为主业的作者，往往从实用角度出发，缺少深邃的史家眼光；而以历史为主业的作者，往往沉迷于典章故事，对现实的理解则流于肤浅。打通历史与管理的任督二脉，可以提高企业经营者的品位。

在旧作《史海管窥》的序言中，笔者曾经说过：英国学者柯林武德在《历史的观念》中认为，历史学是思想的一种形式，神学是关于信仰的思想，自然科学是关于外界的思想，而历史学则是关于人类的思想。历史学要回答的，就是弄清楚人类在过去的所作所为。历史学的基本方法，就是解释各种各样的证据，认识人自身。要知道我们能干什么，就必须看我们过去干过什么。说到底，管理必须从人出发，而人又是历史的产物。无视历史，就会受到历史的惩罚。藐视历史，可能会一时显赫，但最终会被历史所藐视。凡是试图把历史踩在脚下的人，多半会被历史踩在脚下。英国的那位主编过《剑桥近代史》的名人阿克顿勋爵（Lord Acton）有许多广为流传的名言，但有一句名言却往往被人忽视，即"历史的教训就是——所有人都不会从历史的教训中真正学到教训"。

我们不可能割断历史，当我们试图走出现实的迷宫时，历史的路标一直在那里招手。一本好的历史书，可以使我们在喧嚣之中回归沉静，可以使我们在浮躁之后回归坦然。中国历史过于繁复，这种繁复表现在同类事情总在不断上演，如果就事论事，难免失于肤浅。了解点历史的真相，对于深化人的思维有好处。历史不是一个个事件的堆砌，不是一连串年代的累积，也不是一些叱咤风云人物的业绩账簿，历史是一种智慧。透过历史，我们才能更准确、更深刻地定位现实。

但是，不要期望历史能够给当代的管理活动提供现成的答案。比附式的解说历史，机巧式的套用历史，恰恰会失去对历史的尊重。历史的功用，在于增进人们的智识思考，而不是提供现成的模仿范例。对于经营管理来说，当代管理学发源于欧美，有着浓厚的西方色彩。这种管理学，有着强烈的工具理性追求，具有严密的数理支撑，这正是它的优势所在。现代管理绝不能排斥由工业文明产生出来的人类智慧，如果试图以中国传统文化来对抗机器大生产孕育出来的当代管理，那等于是用大刀长矛之类冷兵器对付飞机大炮。我们可以说毕昇的活字印刷术早于古登堡，但如果现在还要用木活字版或泥活字版取代古登堡印刷机，那多半脑子有点问题。然而，这不等于我们可以彻底抛弃或者割断自己的传统。从技术的角度看，传统的管理方法早已过时；但从精神的角度看，传统的文化积淀早已渗透了我们的血脉。管理必须有理性和技术，但不仅仅是理性和技术。对历史经验的探索，对前人智慧的领悟，恰恰可以弥补理性的单一和冷峻。

今天，我们重新观察历史与管理的关系，可以得到更深刻的认知。社会科学领域的大家，往往在深厚的学术浸淫之中面向历史追索智慧，探求本源。经济学家熊彼特曾经说过，经济学包括历史、统计和理论三大块，如果让他重新开始，他将首选历史。其理由有三：第一，“如果一个人不掌握历史事实，不具备适当的历史感或所谓历史经验，他就不可能指望理解任何时代（包括当前）的经济现象”；第二，“历史提供了最好的方法让我们了解经济与非经济的事实是怎样联系在一起的”；第三，“我相信目前经济分析中所犯的根本性错误，大部分是由于缺乏历史的经验，而经济学家在其他条件方面的欠缺倒是次要的”（《经济分析史》第一卷，第29页，商务印书馆1991年版）。纵观当今的管理学界，理论的丛林已经十分茂盛，统计的实证研究也遍地开花，唯独历史的分析论证依然薄弱，因此，在历史中发掘管理智慧，尤为重要。实践中的企业家，也可从经验中感受到阅读历史著作有可能比理性计算获得更多的管理启迪。著名管理学家德鲁克，曾经强调斯隆的自传《我在通用汽车的岁月》是最好的管理教科书；而与德鲁克齐名的大师马奇，则一直用文史名作当领导力教材。

随着中国经济的发速发展，越来越多的人寄希望于中国在管理领域获得重大突破，人们对中国话语、中国范式的期望也越来越大，而要掌握中国话语，构建中国范式，就离不开历史积淀。只有认真考察文化基因、行为习惯、民族心理中的历史遗传，才可真正领略中国人的管理智慧。从组织角度看，中国传统的组织建制和运作机制具有强大的生命力；从领导角度看，文武昭宣，唐宗宋祖，个个具有中国特色；从用人角度看，制度安排和选拔锻炼，有着浓郁的本土情境和历史传承；从决策角度看，选择考量和制约机制，处处表现着中国式思维；从价值准则看，礼乐文明和教化体系，彰显着中国独有的治国理政方式。所有这些，都值得我们仔细研究，考察其内在奥秘，端详其外在表现，获得相应的感悟和理解。

西学进入中国后，对中国产生了巨大的影响。西学之长在其分科促成的精细，西学之短亦在其分科造成的隔阂。中国的管理学科，深受来自西方的影响。这种影响从积极方面看促进了中国向现代化的转型，而从消极方面看则是以西方的眼光观察本土资源，置自身于他者地位。现代化以失去主体性为代价。研习中国历史，重建中国自身发展中的主体地位，可以促进西学与中学的融合，推动理论与实践的对接，实现理性与情感的渗透，用中国话语说明管理智慧。中国的进步，既有来自外生变量的应对，也有来自内生变量的滋润。把外来影响与内部生长因子融为一体，方可不失根本。

在中国的管理研究中，既要防范欧美中心主义对本土思想的贬低和冲击，又要防范天朝老大心态对本土思想的夸张和虚骄。中外互为参照，而不是互为支配，在全球化的过程中体现多元化。在管理思想的研究上，真正体现出“理一分殊”的中国思想。以中国的人性假说为例，它从儒家和法家的争论中展开，以善恶为分野和论证标的，不能简单套用却可以与西方的经济人和社会人假说比较。在历史事件中，可以看到支配中国人行为的、已经变成无意识层次的人性假设之内涵和表现。再以中国的社会组织为例，它最早产生于历史上的宗法制，并形成了礼制体系，演化出王朝官僚制。不能照搬但可以参照韦伯和巴纳德的理论，以历史记载说清中国人的行为场域、行为平台和运作规则，从中发掘中国特色的组织原理，并进一步探讨中国历史上的组织体系演变。至于中国传统的行为规则和管理技巧，更需要从多个角度论证其中的本土特色；中国传统的管理思想，更需要还原儒墨道法各家各派思想源流中的管理洞见。本书期望能够在这些方面有所建树。

对中国史有着深刻洞见的陈寅恪先生，强调真正的学问必须从两个方面入手：一是“吸收输入外来之学说”；二是“不忘本来民族之地位”。他以佛教为例来说明这一现象：“是以佛教学说，能于吾国思想史上，发生重大久远之影响者，皆经国人吸收改造之过程。其忠实输入不改本来面目者，若玄奘唯识之学，虽震动一时之人心，而卒归于消沉歇绝。近虽有人焉，欲然其死灰，疑终不能复振。其故匪他，以性质与环境互相方圆凿枘，势不得不然也。”“窃疑中国自今日以后，即使能忠实输入北美或东欧之思想，其结局当亦等于玄奘唯识之学，在吾国思想史上，既不能居最高之地位，且亦终归于歇绝者。其真能于思想上自成系统，有所创获者，必须一方面吸收输入外来之学说，一方面不忘本来民族之地位。此二种相反而适相成之态度，乃道教之真精神，新儒家之旧途径，而二千年吾民族与他民族思想接触史之所昭示者也。”（《冯友兰中国哲学史下册审查报告》，载《金明馆丛稿二编》第 283 – 285 页，三联书店 2001 年版）在管理实践中，以外来学说引领未来之走向，以本土地位确立经营之根本，正是陈寅恪先生的心愿所向，也是当今中国管理学界的使命。本书试图为实现这种使命有所贡献，期望得到读者的认可。

刘文瑞

目录

第七章 历史大势与组织分合

第八章 领导人与组织文化

第九章 古代的人才选拔制度

第十章　古代地方政府的运作

第一章　用人需有大智慧

1. 庸人也能出绩效：是是非非叔孙通

人力资源管理要更多地考虑庸众俗人，能用人中龙凤不算本事，能把俗人变成英雄才算真本事。

叔孙通是秦汉之际的一个特殊人物。论学识，他没有多少出色的见解；论功绩，逃不出鲁迅讽刺的“帮闲”行列；论人品，后世儒家对他多有微词。然而，他却成为汉代倡导儒术的第一人，值得管理者仔细品味。

作为一个儒者，叔孙通的学术应该有很好的基础，否则也不会被秦朝征召为博士。在秦朝儒学不是主流，叔孙通很清楚自己不过是朝廷的一个花瓶，所以，他大概属于那种小心翼翼讨好上级的太平官员。陈胜吴广起事，秦二世为此询问博士和儒生，有人说是造反，有人说是盗贼，唯有叔孙通揣摩上意，赞颂秦王朝的英明伟大，“明主在其上，法令具于下，使人人奉职，四方辐辏，安敢有反者!”（《史记·刘敬叔孙通列传》，下同）断言陈胜之流不过是鼠窃狗盗，地方很快就会抓捕平定，不足忧虑。结果，直言说下面造反的被关进监狱，批评地方盗贼蜂起的被罢免官职，只有叔孙通领到奖赏。其他人都抱怨叔孙通阿谀奉承，他却坦言不如此难逃虎口。看到秦官难做，他逃回老家，先归项梁，后归刘邦，阴差阳错，成为西汉的开国功臣。

叔孙通在追随刘邦以后，依然改不了揣摩上意、奉迎讨好的习气。看见刘邦讨厌儒生，就脱下儒袍，换上楚装，以顺应刘邦的楚人习惯。至刘邦登基，叔孙通看到了机会。当初竖起反秦大旗时，项羽那儿还有旧贵族的做派，刘邦这里全是下层人物。当了皇帝的刘邦，面对的是大呼小叫、喝酒打架、举止粗野、不知礼仪的旧日属下。叔孙通乘机向刘邦谈起儒学的功用，“夫儒者难与进取，可与守成。”不过，他并不讲儒家思想，而是用看得见摸得着的礼仪来打动刘邦，召来鲁地几十名儒生，加上原来跟随他的弟子，采用古法和秦制混合，编制出一套朝见仪式，演练一番，突出皇帝的威严和臣下的恭顺。看到大臣们振恐肃静，没有人再敢喧哗失礼，刘邦为之大喜，称“吾乃今日知为皇帝之贵也”。平心而论，叔孙通这种演礼，顶多是儒学之皮毛，距运用儒学治国还差十万八千里。但是，皇帝吃这一套，叔孙通也由此当上九卿之首的太常。

正是叔孙通这种墙头草表现，使真正的儒士很瞧不起他。当叔孙通征召儒生演礼时，有人批评他“公所事者且十主，皆面谀以得亲贵”。礼乐要积德百年才可有所兴作，叔孙通这种投上所好的举措实际上是在玷污儒学。叔孙通也不生气，仅仅是把批评他的人称为不知时变的鄙儒而已。笑骂由你笑骂，好官我自为之。

但是，就这样一个随风倒的人物，却真正做出了对汉代政治影响深远的大事。当初刘邦立太子时，对稳定局势的考虑重于对太子人选的考虑。西汉稳定下来后，刘邦对太子多有不满，认为太子懦弱，没有继承他的雄风豪气，喜欢赵王如意，一心想更换太子。这时，叔孙通任太子太傅，得知刘邦换太子的打算，叔孙通坐不住了，他以十分激烈的言辞进谏，历数太子废立引发动荡的典故，并指出秦朝之亡就在于没有早定扶苏而让赵高诈立胡亥的阴谋得逞。声称：“陛下必欲废嫡而立少，臣愿先伏诛，以颈血污地。”摆出一副以死相争的架势。刘邦只好让步，说自己不过是戏言。叔孙通却一点情面都不留，再度抨击说：“太子，天下本，本一摇，天下振动，奈何以天下为戏。”正是叔孙通的抗争，加上留侯张良给太子谋划，保住了刘盈的太子地位。这件事，是叔孙通一生最辉煌的业绩。仅凭这么一件事情，在帝制时代的背景下，就足以载入史册。

纵观叔孙通的一生，可以说，他确实是个儒者，但又不是那种信念坚定、刚正不阿、里外如一、正气凛然的大儒。他不过是个常人，甚至可以说是一个俗人，斤斤计较，趋利避害，有时甚至缺乏操守，为了保全自己而说谎，不惜放弃原则而变通。不过，叔孙通并非恶人，史书并无他为了自己利益坑害别人的记载，他的所作所为，充其量是为了自保而已。即便是这样一个不起眼的人物，却能在太子废立问题上当仁不让，令人眼界大开。这就提出了一个问题：什么样的管理，可以把叔孙通这样的俗人变成英雄？又是什么样的管理，会把具有这种英雄潜质的人变成唯唯诺诺察言观色的狗熊？

对管理者而言，总希望自己的手下个个都出类拔萃。但是，杰出人物属于稀缺资源。正因其稀缺，所以弥足珍贵。从统计概率而言，任何组织人员，都存在着二八分布，即出众的少数和庸众的多数。上级偏爱优秀员工是人之常情，完全可以理解。然而，好的管理可以使常人出彩，可以让弱者变强，可以令黯淡的生活燃起绚丽的光芒，可以把平庸的事务转化为卓越的成果，而差的管理恰恰相反。作为一个领导人，需要把秦朝博士叔孙通，转变为辅佐西汉太子的直言极谏者，而不是把太子太傅叔孙通，打回到秦二世时的阿谀奉承者。如果仅仅要求叔孙通们放弃自身利益算计，大义当前不计私利，为了公司做到无私奉献，对大多数常人而言，不过是说说而已的空话。如果要求下属要不怕坐牢杀头而直言抗争，那就更有可能把多数具有直言抗争潜质的人也吓回去奉承领导。出头的椽子先烂，是因为它受到的风吹雨淋更多。

人才的分布总是参差不齐的。当鹤立鸡群时，再笨拙的管理者，也懂得赞许和重用鸡群中的鹤。而聪明的管理者，是发现并培育能够长得接近鹤的鸡。当多数鸡都能够达到鹤的高度时，你的组织里就会产生出更高的鹤。也许，叔孙通之所以能够为太子拼死抗争，是因为太子的废立关系到他的饭碗；也许，叔孙通之所以言辞激烈，是因为他知道在刘邦手下不大可能会因谏言掉脑袋。管理者要根据组织人员的现实状况，营造出这种积极向上的氛围。如果组织的氛围是指鹿为马，那么叔孙通们只会一路沉沦下去。从这一意义上说，如何管理使用叔孙通们，比如何管理使用萧何、张良、韩信更具有普遍意义。

在用人上，松下幸之助曾言，用人不求一百分，用七十分的人才是最恰当的，可资参照。欧阳脩有《古瓦砚》诗，其意近之。欧诗曰："砖瓦贱微物，得厕笔墨间。于物用有宜，不计丑与妍。金非不为宝，玉岂不为坚。用之以发墨，不及瓦砾顽。乃知物虽贱，当用价难攀。岂惟瓦砾尔，用人从古难。"

2. 警惕用人偏差："乡愿"公孙弘

组织需要下级服从，但"听话"压倒一切，则会把部下变成职场油条。

孔子曾经对"乡愿"深恶痛绝，称"乡愿，德之贼也。"（《论语·阳货》）孟子对此作了进一步解释，说："同乎流俗，合乎污世，居之似忠信，行之似廉洁，众皆悦之，自以为是，而不可与入尧舜之道，故曰'德之贼'也。"（《孟子·尽心下》）而西汉第一个布衣丞相公孙弘，就是这样一个"乡愿"。

公孙弘出身贫寒，一边牧猪一边学习，奉养后母孝谨，在平民中是比较出色的。于是，被推荐到中央，因出使匈奴不合上意被免职，后来再次被推荐，这次被皇帝看中了，对策擢为第一，然后开始飞黄腾达，由待诏博士一步步登上丞相之位。

公孙弘当上丞相后，并没有多大建树。按照史籍的记载，他在朝廷上的最大贡献，就是唯唯诺诺，逢迎上意。当然，他也不是一无是处，设五经博士，配弟子办太学，就是出自他的建议。史称他“习文法吏事，缘饰以儒术”（《汉书·公孙弘传》，下同）。看来，汉代的儒表法里、以“以霸王道杂之”的治国方略，就是由公孙弘开始的。但是，公孙弘这些主张能够实行，主要是得自于汉武帝的喜好。他能提出这些建议，归根到底是揣摩上意的结果。如果武帝对这些不感兴趣，借给公孙弘个胆他也不会这样做。他的宗旨是，只要是皇帝不喜欢的，“打死也不说”。

公孙弘最为人称道的，是节俭。他常说，君主的毛病在于志向不大，臣下的毛病在于奢侈豪华。所以，他盖的是粗布被褥，吃的是糙米淡饭，不要第二个肉菜。所有俸禄，都用来招待宾客，落得个礼贤下士的名声。这样，皇帝自然高兴。

但即便是这样的好人，一旦权在手，也得用一用。这种唯唯诺诺的人，心眼往往比较小。所以，公孙弘宽厚的外表下，却不放过任何与他有矛盾的人。“其性意忌，外宽内深。诸常与弘有隙，无近远，虽阳与善，后竟报其过。”公孙弘的学问比不上大儒董仲舒，董仲舒也讨厌公孙弘的阿谀奉承，于是，公孙弘就用阴损手段把董仲舒贬到胶西。而锋芒毕露的主父偃，同公孙弘政见不合，也被公孙弘借力打力断送了性命。“杀主父偃，徙董仲舒胶西，皆弘力也。”汲黯是当时的第一直臣，有点像唐代的魏徵，由于多次顶撞公孙弘，照样被公孙弘排挤。

实际上，对于公孙弘的毛病，他的老师辕固看得很清楚。在公孙弘刚刚进入朝廷时，辕固竟曾经正色告诫他说："务正学以言，无曲学以阿世。"而公孙弘后来的作为，不幸被辕固言中。阴谋造反的淮南王也曾直言不讳说道："汉廷大臣，独汲黯好直谏，守节死义，难惑以非；至如说丞相弘等，如发蒙振落耳！"（《资治通鉴》元狩元年）问题是，雄才大略的汉武帝，为何要用这么一个乡愿？

很多人把公孙弘获得重用作为汉武帝不拘一格选拔人才的范例，这实在是一个误会。固然，公孙弘出身下层，然而，武帝提拔他也有自己一份私心。武帝当上皇帝，一心要轰轰烈烈干大事，但他受到了多方掣肘。来自太后和大臣的批评往往使他十分恼火。母亲的干预当然需要容让，而大臣们的说三道四则不能忍受。汉初的大臣，多数是勋戚功臣，不少人动不动就指斥皇帝。于是，武帝下决心要选出绝对听从自己的人。此前，所有的丞相都有爵位，现在，选出一个原来什么都没有的公孙弘，不怕他不听话。所谓"布衣丞相"不是看中他的才华，而是看中他的顺从。

武帝用公孙弘抱有这样的私心，这种私心肯定会得到回报。皇帝的耳根子清静了，然而公孙弘也绝对不会启用不愿顺从他的人。史书上仅仅记载了他排斥的董仲舒和主父偃等人，而那些处于下位、因为才干和锋芒遭到公孙弘嫉恨，在他们还没冒出尖来时就把他们打下去，被折断翅膀而默默无闻的优秀人才，更不知有多少。这对于汉武帝所追求的文治武功来说，未尝不是一种损失。

企业管理中的用人，道理是一样的。一个老总，如果选拔部下的准则是为了用起来顺手，那么就不可能听到部下的不同意见。如果自己讨厌“刺儿头”，那么更下层的员工就会被中层打磨成滚珠滑头。而且，这种倾向会产生层级放大效应，上面喜欢矮个子，下面就会提拔武大郎。上面对下面用心眼，下面即便不会同上面翻脸，也会对更下的下面用诡计。而这种诡计，往往是上面所用心眼的放大版。领导的用人准则，肯定会被下面在使用员工中放大。而用人准则一旦偏差，最终会使领导追求的事业得到消极回报。

3. 缺人才还是缺识鉴：封德彝错在哪里

人才的分布大体均衡，而赏识焕发出来的努力，会造就技艺超群的工匠。人力资源管理的要旨是以识鉴培育出匠心氛围。

贞观君臣中，有一个很特殊的人物，名封伦，字德彝。隋朝时，他就已经进入高层，在揣测隋文帝夫妇的心理上，他展示出自己过人的小聪明。隋朝大臣杨素本来很自负，谁都看不起，唯独对封德彝另眼相加，称“揣摩之才，非吾所及”。降唐以后，在唐朝建立过程中立有功绩，唐高祖时担任吏部尚书，升中书令，太宗即位后，封德彝改任尚书仆射。

封德彝是从吏部干出来的，在人力资源管理上应该是内行。太宗为了倚重他，专门把他叫来，问道：“致安之本，惟在得人。比来命卿举贤，未尝有所推荐。天下事重，卿宜分朕忧劳，卿既不言，朕将安寄?”结果，封德彝一句话就把太宗顶了回来：“臣愚岂敢不尽情，但今未见有奇才异能。”这一下，把太宗说火了。本来，他是好心好意同封德彝商量发现人才和使用人才的问题，没想到封德彝倚老卖老直接说没有人才。于是，太宗批驳他道：前代明主，使人如器，用其所长，弃其所短。没有一个朝代是借用其他朝代的人才去治理国家的。“皆取士于当时，不借才于异代”。如果说，只有像商朝武丁梦到了傅说，西周文王遇到了吕尚，然后才可为政，那么，这政务也就太玄乎了。“且何代无贤，但患遗而不知耳!”（均见《贞观政要·任贤》和《旧唐书·封伦传》）把封德彝弄了个大红脸。

封德彝的错误，在当今的人力资源管理中还很常见。我们经常会听到类似的说法：当今缺乏人才，或者别人那里有人才而我们这里缺人才，或者我们的人才顶不上劲，如此等等。反正，工作上不去，绩效不够好，创新开展不起来，都是因为没人才的缘故。所以，有必要对这种观点稍加辨析。

首先，从人才的分布看，有一种自然均衡趋势。孔子有一句名言：“十室之邑，必有忠信如丘者焉，不如丘之好学也。”（《论语·公冶长》）这句话的前半句，就是谈人才的自然分布，哪怕是很小的聚落，肯定也有忠信如同孔子一样的人。如果以理想信念作为人才的评判基础，到处都有人才，而且会大体均衡。但是，小聚落中能找到像孔子这样好学的人，则不多见。这个学习，不是一般的泛泛学习，而是在某一领域达到拔尖水平。过去在农村，能在一起共事的人多了，但可以把事情做得出神入化的人极少。比如撒籽踩摞，一把把油菜籽撒出去，等长出来一看，均匀且没空白；背着手叼着烟袋，在麦秸上用脚七踩八踩，踩出一个高大的草垛。不用任何其他工具，全是麦秸，大风吹不倒，雨水渗不进，可以作一年的牛饲料。像拥有这种手艺的人，在乡村并不多见，但每个村里也有那么两三位。显然，一般的人才，到处都有；具有特定技能的人才，虽然少，也会因为生产生活的需要而自然产生。

其次，人事政策有可能鼓励人才冒尖，也有可能压抑人才出头。过去在农村，那种撒籽踩摞的人才，很有可能在村上享受特殊待遇。一个全劳力干一天活记十分工，但部分村里对具有特种技能的人可能给记十二分工。多二分工在过去也换不来多少真实收入，关键是这种人会得到村民由衷的尊敬，他们也为自己的技能而自豪。在这种风气下，只要生产队长办事公道，人才的诞生会源源不断。然而，如果手艺技巧式追求变成了单纯算经济账，痞子更能弄来钱，那么对不起，社会风气有可能逐渐走向笑贫不笑娼，农田里的手艺人会迅速绝迹。部分守住本分的农民，也只是靠自律来维持自己的底线。传统社会的人才不复存在，而突破道德底线的“致富能手”会变成新的榜样。

当然，生产工艺和流程的变化也会影响到人才。像上面说的撒籽踩摞，现在已经基本上不存在了。但是，这不是关键，因为旧技术旧手艺被淘汰后，新技术新手艺会随之出现，其更替过程会滚动式发展。

再次，现代的人才流动和社会分工，会使人才分布产生与传统不同的变化，从而对人才的形成机制、流动机制、作用机制产生新的变量。这属于现代管理学的问题，在此从略。

任何事情，人才是根本。贞观之治之所以能够有声有色，在于贞观君臣个个都表现出一种励精求治的不懈追求。他们更多的不是靠技艺取胜，但却在治理国家中表现出类似技艺考量的认真。例如，写作进谏奏章，能够有一种“语不惊人死不休”的文学式迷恋；推行某一政务，能够为发现了某个从来没发现过的细节问题而激动不已；甚至同皇帝发生了争执，也要为这种争执如何能够把皇帝堵回去且能变通出更好效果而呕心沥血。贞观时期的唐朝人才辈出，不是因为上天偏爱唐太宗，而是因为当时形成了激发人才作用的环境和氛围。

封德彝的错误，在于他以多年主管人事的高级官员，对人才问题没有追求，只有公事公办的敷衍。打官腔式的应付与全身心投入的琢磨，其效果有天壤之别。

由贞观时期的用人联想到当代，如果我们的教师，能够把上课作为一种艺术追求；如果流水线上的工人，能够把流水线上的部件当作工艺品关心；如果我们的管理者，在追求绩效的同时还追求美；如果我们的官员，在制定出的政策中能够翻解出政策的渠渠道道，那么，根本不用呼唤人才，也会人才辈出。当然，这需要相关方面共同努力。

4. 偏爱放纵下属之戒：关羽的骄傲是怎样养成的

刘备和诸葛亮对关羽的抬举，最终把关羽送上不归路。董事长与总经理的厚爱如何把握分寸，足以引起高管之戒。

三国时期，刘备事业发展的一个关键因素是荆州的归属和蜀吴的关系。关羽之死，荆州之失，吴蜀交恶，诸葛亮的《隆中对》战略受到极大冲击。造成关羽失荆州的一个重要因素，就是刘备集团的内部人际冲突。

王夫之敏锐地观察到蜀汉内部冲突对荆州的战略影响。他在《读通鉴论》中指出，关羽因为赤壁之功自己无份，因此而忌恨诸葛亮，由忌恨诸葛亮而忌恨鲁肃，由忌恨鲁肃而破坏了吴蜀结盟。在这里，王夫之把关羽的战略失策，归之于关羽与诸葛亮之间的意气之争。再进一步，王夫之批评刘备说："关羽，可用之材也，失其可用而卒至于败亡，昭烈之骄之也，私之也，非将将之道也。"

不管是否赞同王夫之的说法，有一点是多数人都认可的，即关羽的骄横自傲和刚愎自用，是其取败的关键因素。《三国志》本传对关羽的概括总结是"刚而自矜"。这种骄横自傲，肯定会在组织内部关系中有所表现，例如，在对待马超、黄忠的关系上，关羽就表现得十分过分。然而，无论是刘备还是诸葛亮，都对关羽的这种过分表现采取了迁就态度，进而助长了关羽的脾气。

刘备在进攻成都的关键时刻，马超前来投奔。刘备大喜过望，拿下益州后，刘备封马超为平西将军，其地位与关羽、张飞并列。身处荆州的关羽不服马超，给诸葛亮去信，询问马超是何等样人。诸葛亮当然明白关羽的意思，就回答道："孟起兼资文武，雄烈过人，一世之杰，黥、彭之徒，当与益德并驱争先，犹未及髯之绝伦逸群也。"（《三国志·关羽传》）意思是马超文武全才，一代英豪，是黥布、彭越一类人物，可以同张飞并驾齐驱，但哪能比得上美髯公的绝伦超群？这封信充分满足了关羽的自大心理，"羽省书大悦，以示宾客"，成为关羽用来向客人夸耀的本钱。

刘备自封汉中王时，黄忠一仗打败夏侯渊，立下大功，刘备打算封黄忠为后将军。诸葛亮担心关羽不服，对刘备说："忠之名望，素非关、马之伦也，而今便令同列。马、张在近，亲见其功，尚可喻指；关遥闻之，恐必不悦，得无不可乎?”（《三国志·黄忠传》）指出黄忠名望不够，马超和张飞亲见黄忠立功，问题不大，而关羽远在荆州没看到，恐怕对黄忠名列五虎将不高兴。刘备蛮有把握地说，我自有办法。刘备的办法是派能说会道的费诗前去荆州传达。果然，关羽听到对黄忠的任命便大怒，称：“大丈夫终不与老兵同列!”费诗对关羽解释道：建国立业，用人有多种方式。汉高祖打天下时，萧何曹参是刘邦的少小亲旧，而韩信陈平则是后来投奔，任官列朝，韩信最上，没有听说萧何曹参对此有丝毫怨言。当今因黄忠一时之功得到重用，但在汉中王心中的轻重分量能够同您一样吗？况且君侯您同汉中王等同一体，祸福相共，难道左手和右手还要讨价还价计较一番不成？你不受命不是给刘备难堪吗?“羽大感悟，遽即受拜。”（《三国志·费诗传》）这样的解释，进一步增强了关羽的优越感。

对于诸葛亮和刘备的这种做法，有很多人持赞扬态度，认为是一种明智之举，是平衡组织关系的能耐。尤其在中国，这样做往往被看作领导人有水平。确实，管理者的基本职责之一就是协调人际关系，消除组织冲突，化解组织矛盾。然而，刘备和诸葛亮的做法，已经越过了合理的界限，产生了恶果，使关羽在错误的道路上越走越远，最终导致了不可挽回的损失。

相比之下，刘备的问题最大。关羽的骄横，多一半是刘备惯出来的。按照刘备集团的实际情况，对于关羽，只有刘备能够管得了，诸葛亮在一定程度上无能为力。况且在关羽的心目中，恐怕诸葛亮也应当在他之下。刘备作为最高长官，对此不可能没有觉察。一个领导人应当清楚，关羽这种做派，同谁也难以共事。要得到团队齐心协力的合作，最高长官必须适时制止其孤傲行为，否则，只会瓦解群体关系，最轻微的情况下也会造成内部隔阂。对于组织运行来说，这种人际冲突不同于一般的利益纠纷，忍让将会使问题更加恶化。关羽最终走上不归路，刘备要承担首要责任。如果刘备能够对关羽的自视过高适当敲打，迫使其有所收敛，不见得可以彻底改观，但起码可以降低危害后果。

在关羽问题上，诸葛亮也不是全无过错。诚然，在当时的具体情境下诸葛亮有自己的难处，但在人员评价上采用拔高一个贬低另一个的做法，是高层管理者的大忌。诸葛亮对马超与其他人的比较尚可，而且把马超与张飞并列，还是比较恰当的。然而，明显拔高关羽，对其赞扬几乎接近于谀辞，等于是在放大关羽的错误。假如诸葛亮指出关、张、马各有所长，在肯定关羽有比张、马优越之处的同时，又指出其不及之处，稍稍压抑关羽的自大心理，言辞掌握在不致引起关羽生气的程度，可能效果就要好得多。

实际上，诸葛亮的信件起到了怂恿作用，关羽在其中找到了自己有理由看不起马超的证据。如果持阴谋论的思路，那么，甚至可以把诸葛亮的这份信件看作“郑伯克段于鄢”的文字含蓄版。当然，诸葛亮其人有心计却不阴毒，所以，我们宁愿认为它出自另一种考虑，即以旁敲侧击的方式提醒关羽，把马超与张飞并列，紧接着又言关羽在马超之上，等于把关羽拔高到张飞之上。如果关羽具有自知之明，就有可能对此有所警惕：从来都是关张并提，现在却变成关在张上，这合适吗?或许诸葛亮正是这种想法。但是，刚愎自用者的最大问题，就是对拔高自己的说法反应迟钝，而对别人高于自己的说法反应灵敏。关羽正是把自己列在张飞之上也觉得理所当然的人，悲剧由此产生。

作为管理者，在无关大局的小事上，和点稀泥，捣捣糨糊，是可以理解的，有时还是必需的，即所谓“难得糊涂”。然而，在有些问题上就不能如此。因此，有必要分清什么事情可以糊涂，什么事情必须清楚。我们往往把关羽的这种表现称之为“个人英雄主义”，实际上他已经是“唯我独尊主义”。所谓个人英雄主义，是自己对自己不服气，要拼争出更好的业绩来。这种个人英雄主义尽管是不考虑群体的，但不妨碍他人的努力，即便不合作也可以做到各显其能。对此甚至可适当鼓励。但是，对于唯我独尊、压制他人的言行，由于其会破坏团队力量，所以必须及时纠正。组织内部的人际冲突具有不同性质，一般来说，源于利益分割的细小冲突（这种冲突最为常见），装糊涂或者和稀泥未尝不可，吃亏忍让还算美德。然而，源于价值观念的冲突和源于狂傲心理的冲突，会破坏组织使命，疏离人际关系乃至打断组织链接，则必须重视，采取适当对策。

5. 政客和流氓的区别：李林甫与杨国忠

政客和流氓是不一样的，同样是“坏”，政客通常坏得有章法，而流氓则坏得无边际。一个组织，如果是老辣政客掌权，会引发不显山不露水的慢性癌变，而如果是市井无赖当政，则会立马心肌梗死。

历史上，好人当官的也有，但总是不多见。坏人当官的则有如恒河之沙，比比皆是。但是，如果对所谓的“坏人”不加区分，一概对待，似乎也掌握不了历史的奥妙。如果看看历史上老辣政客和无赖流氓当官的区别，或许能够有所启发。

唐朝的李林甫和杨国忠，都是史书谴责的奸佞，都在坏人之列。但细细查究，两人还是有较大差别的。何也？一为老谋深算的官宦世家，一为骤然暴发的市井无赖。可以说，李林甫是政客的典型，杨国忠是流氓的典型。两个人对大唐王朝的影响显然是不一样的。

李林甫出任宰相，是唐玄宗时期政治上的一个转折点。作为中国历史上有名的奸臣佞相，李林甫的权谋、心计以及他“口蜜腹剑”的名声，对唐朝的政治造成了极大的影响。史学界一般认为，从李林甫任相开始，是唐王朝由治到乱的分水岭。但是，李林甫出身世家，有着丰富的官场经验，所以，在他的治理之下，并没有什么突发事件和大的乱子，反而在盛世光环中如鱼得水。他从开元二十四年（736 年）接替张九龄任中书令，直到天宝十一载（752 年）病故，专权达 16 年之久。他为人机灵，工于心计，善于钻营，外表甜言蜜语而内心阴损毒辣，是个笑面虎式的人物。“林甫城府深密，人莫窥其际。好以甘言啗人，而阴中伤之，不露声色。凡为上所厚者，始则亲接之，及位势稍逼，辄以计去之。虽老奸巨猾，无能逃其术者。”（《资治通鉴》卷二一四）“世谓李林甫口有蜜，腹有剑”（《资治通鉴》卷二一五）。当然，李林甫在行政事务的处理上，还是很有一套的，是一个典型的很有心计的官僚。因此，李林甫执政，使唐王朝得上的是慢性机能退化病，尽管是致命的，但一时三刻却表现不出来。

杨国忠却不一样。他本来就是一个人人都看不起的无行赌徒，属于吃喝嫖赌样样精通的市井无赖而已。靠着偶然的机遇，他傍上后来成为虢国夫人的表妹，另一个表妹杨玉环，又成了玄宗的心上人。这种千载难得的机遇和运气，把他推上了宰相的高位。小人得志，确实也是不容易的。但正是这种不容易，使他看到了有权不用、过期作废的现实，他深知自己当宰相是难得的“低概率事件”，于是走上了不管名声好坏、只顾自己享乐的道路。据说，杨国忠曾经自我表白道：“某家起于细微，因缘椒房之亲，以至于是。至今未知税驾之所，念终不能致令名，要当取乐于富贵耳。”（郑处诲《明皇杂录》卷下）治史严谨的司马光，也取了这一说法，称杨国忠对客曰：“吾本寒家，一旦缘椒房至此，未知税驾之所，然念终不能致令名，不若且极乐耳。”（《资治通鉴》卷二一六）所谓“税驾”，用现代语言说就是结局、归宿。也就是说，杨国忠对政治的态度，是把政治看作是一种赌博，谁知道结局如何！既然最终不能青史留名，还不如现在就胡作非为。在这种思想的指导下，政事不过是他随心所欲的玩物。例如，他按候补官员的长相任命官职，竟然让一个大胡子去主政湖州。这种胡来，使杨国忠最终断送了自己的生命，也断送了玄宗的政治生涯。在杨国忠手里，唐王朝得的是脑溢血并发心梗，当下就要了命。

暴发户式的“政治家”，对政治的危害要比官僚世家明显得多，在世人心里激起的愤慨也要强烈得多。天宝年间杨家得势，遭到了世人严厉的抨击。但平心而论，杨家的罪恶，主要表现在生活的奢侈浪费、竞相豪华方面。他们对国家与社会的影响，主要表现在社会风气上，而不是表现在统治权力的运用上。除杨国忠一人外，杨氏家族的其他成员，没有在政治上的志向和作为。特别是虢国夫人和韩国夫人，纯粹属于那种凭借自己的美貌过分炫耀的浅薄女人，她们所能做的，无非是依赖玄宗的宠信和放纵，收受贿赂，向皇帝说一说某人的好话，乘机谋点私利。给皇室子孙当几次媒婆，抖落一下“三姨”、

“八姨”的威风而已。

有意思的是，对李林甫的责难，主要来自于他死后的官场。而对杨国忠及杨氏家族的责难，则在杨家权势正隆的时候就已爆发。而且对李氏的责难还近于说理，对杨氏的责难则全部情绪激昂。我们难道能够全然肯定，对杨氏的责难都是正义的呼声，丝毫没有掺杂阿Q式的“我为什么不能”情绪么?

更为可怕的是，由于人们对李林甫式的政客不满，往往期待以激烈的变革来清除这种政客造成的慢性溃疡。但是这种变革，却在多数情况下会把胆大心黑、精明强干又不择手段的流氓扶上台。这种“造反派”替代“老干部”后，除了少量“流氓”可以努力转变为“绅士”实现稳定外，多数暴发户类似于杨国忠式的行径，会使各种隐含的矛盾迅速激化。于是，人们又可能会怀念政客时代的圆滑和章法，而忘了他们对制度体系的侵蚀。任何组织，一旦高管团队陷入了这种政客和流氓的交替循环，那就有可能每况愈下每下愈况，说万劫不复是有所夸大，但要跳出这种循环则需要漫长的过程。如何跳出这种循环，还得从历史中寻找路径。

6. 靠人才不如靠组织：诸葛亮和毛奇的差别

公司经营是靠制度建设还是靠聪明才智？个人的聪明才智是用来当组织者还是当救火队？这是近代科学管理和传统经验管理的基本区别。

有两个人，堪称管理研究中的典型，而且形成了鲜明的对照。一位是三国蜀汉的丞相诸葛亮，一位是普鲁士陆军元帅毛奇。

诸葛亮大家都十分熟悉，他的名句“鞠躬尽瘁，死而后已”众人皆知。刘备为了请到这位卧龙先生，礼贤下士，三顾茅庐。而诸葛亮一出手也确实不同凡响，未出隆中，已定三分天下之对策。他的事迹，妇孺皆知。作为一个尽职尽责的国家

“经理”，诸葛亮深得“董事长”刘备的信任，继任的刘禅更是全面放权，“政事无巨细，咸决于亮。”（《三国志·诸葛亮传》）然而，在他的治理下，三国之中，蜀汉最弱；六出祁山，劳民伤财。前人多把这种出师未捷的遗憾，归之于形势或天意。笔者以为，最重要的原因，恐怕与他的治国方式有关。了解点历史就可知道，诸葛亮治国，靠的是个人的聪明才智和道德忠诚，在组织建设上并不足道。从他的办公方式就可以看出，他主要依赖人格权威而并非依赖组织力量。陈寿对诸葛亮的评语是：“尽忠益时者虽仇必赏，犯法怠慢者虽亲必罚，服罪输情者虽重必释，游辞巧饰者虽轻必戮，善无微而不赏，恶无纤而不贬；庶事精练，物理其本，循名责实，虚伪不齿；终于邦域之内，咸畏而爱之，刑政虽峻而无怨者，以其用心平而劝戒明也。”

普鲁士的毛奇（Helmuth von Moltke）则是另一种类型的“经理”，作为克劳塞维茨的弟子，毛奇文质彬彬，喜欢拜伦的诗歌，爱好哲学和音乐，怎么看都不像个元帅。他在普法战争前，根本没指挥过作战。作为帝国的参谋总长，他所统领的普鲁士军队，无论是人数还是装备同法国相比都不占优势。只有克虏伯制造的大炮优于法军，而普军德雷泽步枪仅达法军夏塞波步枪射程的一半。但是，毛奇的优势在于他建立了一个优秀的参谋本部，在这里他汇集了各方面的专家，第一次在军事上把指挥作战和研究作战分开，从整体战略思路到具体技术细节，都有精密的研究。在这里，战争不再是智慧的较量，而变成了科学的计算。普法战争爆发后，仅仅四个星期，毛奇就打败了号称世界上最强大的法国陆军，俘虏了拿破仑三世，为德意志帝国的崛起奠定了基础。

毛奇是一个谨慎的计划者和组织者，按他自己的说法，战争安排要达到这样一个程度："一旦宣布进入战争状态，只需要国王一声令下，就可以使整个系统不出差错地运转起来。最初下达的指令没有什么需要变更的，执行预先安排和制定的计划就足够了。"但是，他又清楚地知道，"在遭遇敌人时，没有任何计划可以一成不变"（摩根·威策尔：《管理的历史》，中信出版社 2002 年第 64－66 页）。说来也有趣，普鲁士的胜利，全靠毛奇的周密计划和安排，而普法战争的主要战役，却没有一项是按照毛奇的事先计划展开的。毛奇的"以不变应万变"，是用计划安排培养出应变机制。靠着事先的计划和训练形成的军队体系，毛奇悠闲地摘取了胜利的桂冠。

现实的经营管理中，要诸葛亮还是要毛奇？看起来不难选择，但事实却不尽然。我们许多人，都寄希望于杰出的人才来管理，然而，是靠人才来建立一套合理的制度，形成一个有效的体系，充分发挥组织的作用，还是靠人才来填补制度的空缺和漏洞，费尽气力去克服组织的弊端？两种选择大相径庭。有人说，一流企业靠组织，三流企业靠人才。这话有些绝对了，但从优先选择的角度看不无道理。古人所谓"曲突徙薪亡恩泽，焦头烂额为上客"，正是强调孰先孰后的选择问题。但愿我们的企业经营中，多些毛奇，少些诸葛亮。这里不存在毛奇和诸葛亮谁比谁强的问题，而是两人的时代不同。有些所谓的"中国式管理"的倡导者，需要面对这样一个问题：你是希望公司进入以毛奇为象征的近代水准，还是希望回到以诸葛亮为象征的古代水准？

第二章　如何用好能人

7. 让组织与能人共赢：从齐湣王任孟尝君为相说起

讲到用人，都说要用能人，但真正用了能人，有可能问题更大。

关于用人问题，战国四君子是一个极好的范例。所谓四君子，包括孟尝君、平原君、信陵君、春申君。按照西汉贾谊的说法："齐有孟尝，赵有平原，楚有春申，魏有信陵。此四君者，皆明智而忠信，宽厚而爱人，尊贤重士，约纵离横。"这四位在当时不可不谓能人，而且基本上都同所在国的君主有着非常密切的关系，都在一定时间内得到过君主的重用，但是，最终都没能维持长久的合作。

在这里，我们就以孟尝君为例说明“用能人”的问题。好在这四个人的行为差不了多少，可以类推。孟尝君田文本来就是齐国宗室，其父亲田婴在齐国为相十多年。孟尝君在继承其父的封地爵位后，以养士而出名，食客数千，人才济济。贤能之名，蜚声诸侯，就连秦昭王，都曾一度打算请他担任丞相。由此才有了孟尝君逃离秦国时“鸡鸣狗盗”的故事。这样的人才，齐国能不用吗？于是，齐湣王任孟尝君为相，把国家大事全托付给他。但是，很快齐湣王就不大放心了，“以为孟尝君名高其主而擅齐国之权”，罢免了孟尝君的相职。为了保住自己的地位，孟尝君不惜策动秦国攻打齐国，派人到秦国鼓动秦王放出要聘任孟尝君为相的风声，迫使齐王重用自己。当孟尝君在齐国待不下去后，又到魏国担任丞相，这时，他丝毫不顾他与齐王同宗共祖的关系，同齐国翻脸，联合秦、赵、燕，打败了齐国，把齐湣王赶下台。齐襄王即位后，不得已又任孟尝君为相，直到去世。孟尝君死后不久，众子争嗣，齐魏合作，乘机灭了他的后裔。

孟尝君确实属于能人之列。尤其是在招揽人才方面，恐怕在整个中国历史上都是数一数二的代表。所以，武侠小说谈到那些急公好义、求贤若渴的主儿，往往以“小孟尝”“赛孟尝”之类的名号褒奖。但是，这只是事物的一个方面，别忘了还有另一方面。

司马光对孟尝君是看不上的，他的评价不像贾谊那样赞美，说：“今孟尝君之养士也，不恤智愚，不择臧否，盗其君之禄，以立私党，张虚誉，上以侮其君，下以蠹其民，是奸人之雄也，乌足尚哉！”在司马光眼里，孟尝君不仅是小人，而且是奸人。表现为养士不分好坏，吃着国家的俸禄，笼络自己的党羽，醉心于个人的名利，典型的吃官饭养私骆驼。对上欺侮君主，对下坑害百姓，不但是奸人而且是“奸人之雄”，有什么可推崇的！

司马光写书当然可以对孟尝君说三道四，大加斥责，但现实不那么简单。作为管理者，处在齐湣王的位置，能怎么办？我们不妨扪心自问，如果你是董事长，正好遇到了孟尝君式的人物，你敢用吗？

第一答案是：不能不用。因为孟尝君手中拥有丰富的资源，尤其是人脉、关系等。对于一个企业来说，拥有这样的资源是至关重要的。假如有一个人，拥有孟尝君式的资源特别是人力资源，拿出来就能使自己的公司拥有技术或市场优势，甚至能把竞争对手搞得七零八落，你不用才怪？极有可能，你还会以高薪为饵，以高位为诱，不把他招到自己麾下不罢休。

但是且慢，还有第二答案：不得不防。当年的孟尝君确实与齐国唇齿相依，但利益并不完全一致。说白了，齐国是齐王的，不是孟尝君的。这种能人一旦到了决定公司成败的地步，要不就是把公司化为己有，要不就是跳槽对你构成致命威胁。齐王最怕的就是：用他，有可能对齐王取而代之；不用他，他就跳槽当秦国和魏国的总经理，鼓动这两个国家来打齐国。孟尝君当上丞相，齐王的后脊梁就冒冷气，道理就在这儿。

实践中的老板，对于能人，尤其是那种了不得的能人，往往会又爱又怕。大势所趋，不用不行，而一旦重用，又会如芒刺在背。当然，如果孟尝君是无私奉献的活雷锋，那老板大可不必担心。但是，用人不能寄希望于对方是圣人，只能把他假设为常人。而经济学告诉我们，趋利避害是常人行为的基本逻辑。用能人，确实能使公司获利，而一旦发生利益冲突，往往也会使公司的损失最大化。司马光不用操心利润，所以他可以唱高调。他所说的道理我们可以理解，但他所说的做法不见得可行。如果找不到圣人和君子，全用愚人，那还干不干事？

克服这种两难问题的出路，在于老板与员工在利益上的一致化。现代管理中强调塑造共同愿景，实际上就是力图解决无形利益以及价值观念的一致化问题；经理人控股、利润共享等等管理手段，实际上就是实现有形利益一致化的举措。没有利益上的一致化，就没有真正的“双赢”。你好我好的表面和气，只是掩饰利益冲突的鸵鸟式方案；而忍痛割肉的退让，由于存在单方面的利益损失，往往是更大冲突的前兆。所以，“亲兄弟明算账”，把双方的利益得失明明白白摊开，聪明人都自己会算账，这是用能人的基本前提。所谓和谐，不是掩饰矛盾和冲突，而是在算账的基础上实现利益共享。

8. 如何用能人：刘邦用陈平的启示

能人不是不能用，而是要看怎么用。不能用能人，就不能干事业。

从管理的要求来看，用人是要干事的，而干事就必须用能人。刘邦用陈平的例子，可以给我们一些启示。

说起刘邦用人，人们对他关于三杰的评论比较熟悉。刘邦当上皇帝后，让大臣们说说他为什么得天下而项羽为什么失天下的道理，于是，雄才大略、英明伟大之类的话都出来了。刘邦摇摇头，自己总结道："夫运筹策帷帐之中，决胜于千里之外，吾不如子房；镇国家，抚百姓，给馈饷，不绝粮道，吾不如萧何；连百万之军，战必胜，攻必取，吾不如韩信。此三者，皆人杰也，吾能用之，此吾所以取天下也。项羽有一范增而不能用，此其所以为我擒也。”（《史记·高祖本纪》）但笔者看来，真正体现刘邦用人水平的事例，是次于三杰的陈平。

陈平不是刘邦的老人手，他从魏王咎那儿叛逃到了项羽那儿，又从项羽那儿叛逃投靠了刘邦，得到刘邦重用。对此，刘邦的老部下有意见，周勃、灌婴给陈平列了三大罪状：一是先后背叛魏王和项羽；二是传闻陈平“盗嫂”；三是据说陈平受贿。对于这种告状，刘邦先排除了“叛逃”的指控，因为在群雄并立的时代，“朝秦暮楚”不能说明道德问题，然后对其余两个指控进行了追查，“盗嫂”属于查无实据的传闻，受贿属实，但陈平坦然承认是办事的用度所需。所以，刘邦依然信任陈平。尤其是在对项羽使反间计时，给了陈平四万斤黄金，完全由他支配，结果使项羽君臣离心离德，大获全胜。刘邦临终时安排后事，确定陈平为协助王陵的丞相人选。陈平果然没有辜负刘邦的重托，在平定吕氏之乱中立了大功。

这里面有几点值得仔细推敲。首先，陈平具有办事公道的名声。当初陈平还是孺子时，乡里聚会分肉，十分公平，得到乡亲父老的称赞。而陈平自己感叹道：“嗟乎，使平得宰天下，亦如是肉矣！”（《史记·陈丞相世家》）这种公平恰恰是管理者最需要坚守的品德。其次，刘邦对陈平具有绝对控制权，所以，他不害怕陈平出事。这一点对于用能人来说，最为重要，只有在有把握对能人的行为可以有效控制的时候，才能使用他，而且控制能力越强，用起来越放手。所以，刘邦在起用陈平时，不怕陈平出事。第三，刘邦前面审查过陈平受贿，但接着在使用反间计时，把大量黄金交给陈平，这一举措意味深长，有两层含义。一层含义，表示对陈平的信任，可以让陈平放手活动；另一层含义，这未尝不是一种考察方式，不是刚刚有人举报你贪财受贿吗？现在就交给你大量钱财，看你动心不动心，你要动心好办，处理你就是了，你要不动心，岂不恰恰证明了你的清白？很显然，陈平的得分是优秀。还有，在刘邦大功告成分封功臣时，陈平推辞不受，声称如果当初不是魏无知推荐自己，如何能够立功？于是刘邦赏了魏无知。这是不忘本。最后，刘邦临终的安排也富有深意，经过长期考察，刘邦已经对陈平有了足够的信任，认为陈平的才能当丞相没问题，然而刘邦的安排是让陈平给王陵当副手。王陵以憨厚出名，陈平以机智出名。这样安排不仅可以使两个人形成互补优势，更重要的是万一对陈平看走了眼，这种安排可以防止铸成大错。

从刘邦用陈平来看，他能得天下，同他深知用人之道有关。尽管刘邦有着浓厚的流氓色彩，在许多方面不值得称道，但他重用陈平这件事，依然可以给供当今管理者思考。

9. 如何用好英雄式人才：飞将军李广的教训

英雄式人才和官僚式人才在使用上有着比较大的区别。一般来说，应当把不守规矩的英雄放在独当一面的偏师位置上，既要防范他的失误造成致命损失，又要依靠英雄开辟新的增长点。

唐朝王勃的《滕王阁序》有一句名言："冯唐易老，李广难封。"西汉名将李广，有飞将军之誉，一辈子同匈奴作战，匈奴人闻风丧胆。但李广的运气实在太差，那些名望不如他的人都封侯晋爵，只有李广升迁困难，最终还因军事失误而自杀。这是不是汉武帝和卫青他们压制人才？

李广这个人，具有鲜明的英雄气概。他擅长射箭，有一次把一块石头误认为是老虎，一箭射去，竟然射进石内。他带兵很有特色，时人称“李广才气，天下无双”。李广先后在陇西、北地、雁门、代郡、云中、上郡为太守，防御匈奴，以能打仗而出名。他靠的是骑兵，平素与士卒打成一片，不摆架子，行军不讲规矩，驻扎没有章法，尤其讨厌那些公文程式。他的部队单兵作战能力都很强，而且下属也乐意随他拼杀。但是，李广用兵作战过于随意，能大胜也会大败。

与李广同时，还有一位与他齐名的将领，叫程不识。他同李广完全是两种风格，“为人廉，谨于文法”。程不识训练士兵极苦，布阵驻扎一板一眼，干什么都有严格的纪律和章法，包括公文也一丝不苟。这样，他靠着严格的组织规范作战，不能大胜但也从无败绩。程不识自己谈到他与李广的差别时说：“李广军极简易，然虏卒犯之，无以禁也；而其士卒亦佚乐，咸乐为之死。我军虽烦扰，然虏亦不得犯我。”（《史记·李将军列传》）

对于这样两种截然不同的将领，尤其是对于不守章法、不按规矩的李广，领导者应该如何使用？显然，李广打仗是英雄，但不是完人。从他一得志就杀了敢于顶撞他的霸陵尉一事来看，他的心胸并不开阔。当他随卫青出击匈奴时，对安排他迂回出击不满，一心要打先锋。看到不如自己的将领一个个立功封侯，他曾经向一个“望气”（类似于今天的算命）者求教，抱怨自己命不好。从这种争功心理和算命抱怨来看，李广确实存在某些问题。汉武帝和大将军卫青有意压抑他，不是完全没有理由的。把对李广的“控制使用”当作压制人才，不无偏颇。

现在的公司经营中，也会时不时地遇到李广式的人才。对此如何使用，考验着领导者的智慧。可以说，李广和程不识，是两种人才的典型。李广属于英雄式人才，个人能力极强但却缺乏“组织纪律性”；而程不识则属于官僚式人才，只有靠严格的组织规范才能成功。一般情况下，公司经营者对于类似程不识的人才在使用上不会有大的争议，往往用这种人按部就班稳扎稳打，而对于类似李广的人才则比较难以决断，不用可惜，用了不放心。更重要的是，如果使用不当，不但影响“李广”本人，还会影响“李广”的同事和部下。人们往往崇拜英雄，对于英雄无用武之地会产生情感上的惋惜。李广本人的不得志，不但引发了几百年后王勃发出“李广难封”的感慨，而且这种感慨在两千年来得到了相当广泛的共鸣。所以，能不能用好“李广”，关系到整个公司的士气和后来的历史评价。

如果仅仅看中李广式的英雄气概和过人本领，那么就可能把公司的兴衰成败全部寄托在他的身上。这对领导来说，风险未免太大。因为李广的失败概率比较大，一旦把他安排在万一失败就会对公司造成致命损失的位置上，那么，这种领导无异于赌博押宝。

为了防范李广们带来的风险，有的领导人采取的方法是一边重用一边加强监控。这种办法逻辑上没错，但事实上行不通。因为李广式的英雄，建功立业的前提就是放手让他们施展才能。他们一般都有较强的自尊心理，时时监控会对他们的情感造成伤害。更重要的是，这种英雄只有在“将在外，君命有所不受”的高度自主中才能把握机会，创造业绩，加强监控无异于给他带上桎梏。例如，一个总经理，要求办公室主任每天汇报工作是很正常的，然而，要求一个正在开发新产品的研发人员每天汇报工作，则有可能严重挫伤他的积极性。汉武帝和卫青在使用李广上的失误，主要表现在这一方面。

既要防范“李广”有可能造成的风险，又要充分发挥“李广”的作用。比较恰当的办法是委派他担任独当一面的“偏师”，而让“程不识”固守主打阵地。一旦偏师失利，主阵地没有丧失，公司不至于遭到致命打击。在这种情况下，主阵地偏于防守，而偏师偏于进攻。一旦偏师成功，主阵地的资源可以迅速向偏师接济，甚至可以不失时机地把犄角之势变为主战场。至于李广未能封侯，那是历史造成的，今人应该超越古人。

二战中，盟军在第二战场上充分发挥了巴顿将军猛打猛冲的作用，但是，却把巴顿置于布莱德利等人的控制之下，由艾森豪威尔统筹全局。这可以看作是“外国李广”的一个典范，而且没有产生“李广难封”的后遗症。这种做法，值得借鉴。

10. 情理态势与组织用人：吴起与田文

优秀人才能不能得到重用，不仅要看才能和功绩，还要看事态、情理和形势。

管理活动中，如何用人相当重要。说起用人，人们往往首先想到的就是“选贤任能”“奖优罚劣”。这固然没错，但是，现实中我们常常会看到，最优秀的人才有时会遭到冷遇，不那么出色的人才却备受青睐。造成这种现象的原因之一是徇私舞弊。暂且我们把徇私舞弊搁在一旁，假定用人中完全没有“不正之风”的影响，是不是最优秀的人才就能得到重用？恐怕也不尽然。

战国时期的魏国，在魏文侯执政时通过变法跃居强国之列。魏文侯去世，武侯即位，选用国相。当时朝中大臣中才干最出色而且功劳最大的是吴起。这位吴起在历史上赫赫有名，他曾经求学于曾子，在鲁国杀妻求将，大破齐军。到魏国带兵，吮疽驱死，抗击秦韩赵三国，使强秦不敢东向。魏国主持变法的李悝，赞扬吴起用兵“虽司马穰苴不能过也”。就连太史公写《史记》，都把吴起与孙子合为一传，可见其兵法上的造诣。魏武侯要选择大臣担任丞相。无论是论功劳还是论资历，吴起都排在最前面。但魏武侯没有选择吴起，而是选择了田文（就是那位名声也极大的孟尝君）。

吴起对自己没当上丞相很不服气，就找田文当面辩论。这段辩论很有意思。在辩论中，田文承认自己不行，带兵打仗不如吴起，治国理民不如吴起，镇守地方独当一面不如吴起，建立国际威望也不如吴起。然而，自己能当上丞相而吴起当不上，不是才能和功绩，而是魏国当时的情势使然。当时的魏国，君主年轻无威，大臣狐疑观望，百姓还没有建立起对政府的信任。这种情况下，田文反问吴起：是用你合适？还是用我合适？吴起思考半天，不得不回答说：还是用你合适。

可见，用人是否适当，不单纯是才能和功绩决定的，而与组织所处的情势密切相关。这段记载，可以看作是古代经验型的情景领导理论。其中的道理，值得管理者玩味。

选贤任能，陟优黜劣，是用人之常情。然而，贤能和事理，态势和才干，不见得就完全一致。所谓人事，是谋求“人”和“事”的恰当结合。如果仅仅考虑人，而不注意事，用人就难以收到好的效果。贤能也罢，才干也罢，仅仅反映的是人的一面；而经营中的事理，组织所处的态势，则是管理中事的一面。“用人”是为了“治事”，如果事干不好，哪怕再优秀的人也不恰当。正因为如此，同样的人才，情势一旦变化，就可能面临不同的使用方式。例如，历史上的开国元勋，在打天下时风光无限，而守天下时就成了君王的心腹之患。刘邦时的韩信，朱元璋时的徐达，都是如此。

刘邦、朱元璋对功臣大开杀戒，并不可取。而赵匡胤的杯酒释兵权，能够为我们的人事调整提供某种参照。假如，某人与朋友合伙创办一个公司，在起步阶段，销售负责人难免搞点制度以外的小动作，而这些小动作对公司奠基可能起到了相当大的作用。到了公司发展壮大正规经营阶段，这种小动作就会逐渐暴露出危害性，继续用他主管销售对公司发展不利，怎么办？炒了他的鱿鱼，会使员工寒心；容忍他照旧主管销售，会使公司受害。在这种情况下，不妨给他一个不管实事的副总位置，腾出销售经理让更合适的人干，这可能是明智的办法。举一反三，在用人上，如何使人的贤能才干与事的情理态势匹配，有许多值得斟酌之处。比如，功绩能不能用职位作为奖励？会不会造成能力错位？值得管理者时时注意。

读历史，不少人从中看到的是权谋，对管理来说，这是邪道；而从历史中看出情理，才是正途。

11. 用人的“配方”：“谭甘草”与“伴食宰相”

用人既要“干事”，又要“和人”，没有单一标准。就像“君臣佐使”的配伍体现中医师的功力一样，不同类型人才的配伍，体现着领导者用人的功力。

中药很少有单用一味的。汤丸膏散，往往都会有几味甚至几十味药混在一起。这种混在一起的配方，按照中药理论是大有讲究的。这种讲究的要旨，就是“君臣佐使”。《素问》云：“主病之为君，佐君之为臣，应臣之为使。”所谓“君”，是指主攻药物；所谓“臣”，是指辅助药物；所谓“佐”，是指起配合作用的药物；所谓“使”，是指起引导与调和作用的药物。常见的中药方剂中“甘草一钱，大枣两个”，就是这种“药使”。

中药是否科学我们暂且不论，本文只不过是借此引出话题，谈谈用人的“配方”。民国年间，国民党有一位很有名的元老，叫谭延闿。这位老兄是清末最后一科的会元（科举会考第一名），与谭嗣同、陈三立并称“湖湘三公子”，积极参与维新变法和辛亥革命，在北洋政府和国民政府中一直担任要职，是国民政府的第一任主席，后来改任行政院长。他为人文雅，写一手极漂亮的颜体楷书。但是，他却有一个很不雅的外号——“谭甘草”。

甘草在中药里相当特殊，似乎什么病也不能治，但各种方剂基本都少不了它，是最常见的“药引子”。能够得到这个外号的人，也得有一番功夫。据说，谭延闿的随和程度世所罕见。他的办公室谁都可以随便进去，烟随便抽，水随便喝。谁要他的字，都有求必应。在他执政湖南期间，长沙的店铺到处都是他题的匾额。就连部下出卖了他，他也是苦笑一下就完了，所以湖南人又把他叫作“谭婆婆”。还有一个传说，谭延闿五十岁生日，有人给他送了这么几句话：“茶陵谭氏，五十其年。喝绍兴酒，打太极拳。写几笔严嵩之字，做一生冯道之官。立德立功，两无闻焉。”应该说，把谭延闿写字比作明代大奸臣严嵩，做官比作五代不倒翁冯道，算是刻薄到家了。而谭延闿得知，反而称道这个人的文采不错，还把他推荐到孙科那里去当官（另一说为谭聘此人为行政院参议）。

对于多数管理者来说，这种“谭甘草”是很令人头疼的。经理们喜欢的是那种敢作敢为、能够开拓事业的人才，而不大看好那些黏黏糊糊、三锥子扎不出血来的蔫蛋。但是，事情往往有另一面。过去在农村的时候，老饲养员告诉我，“一个槽里拴不住两头犟驴”。话糙理不糙。如果梁山泊上都是敢冲敢杀的李逵，那恐怕内部的架就打不完。按照中医的说法，如果没有甘草，那些大黄芒硝之类的“虎狼之药”就难以调和。唐朝有一位名声显赫的宰相姚崇，但与姚崇同为宰相的，却是“每事退让”的卢怀慎。卢怀慎自认为本事不及姚崇，所以任何事都不拿主意，唯姚崇马首是瞻，人们给他送了个外号“伴食宰相”，就是说只会陪着吃饭。然而，开元盛世的出现，不光有姚崇的功劳，也有卢怀慎的业绩。没有他的调和折中，姚崇恐怕也难以显露才华。无独有偶，谭延闿在民国时期，也被人比作“伴食宰相”。没有这种八面玲珑的“甘草”伴食画诺，就难以消解当时派系林立、剑拔弩张的官场纠纷。所以，“谭甘草”的存在，还是很有实际意义的。

对于“甘草”的评价和使用，关键在于经营的着眼点。如果仅仅从干事出发，那么，就像中医治病，有主治的“君”和辅治的“臣”就足够了。但是要让这些治病的药物发挥作用，或者要消解副作用，还得用那些不治病的“甘草”来导引调和。西医的道理也差不多，癌症的化疗，真正治病的是那些杀灭癌细胞的药物，但是那些不治病的辅助药物也是少不了的，否则病人就受不了。有些经理人，往往看的是员工“能干什么事”，对于“不能干事”的员工嗤之以鼻。然而，有些员工虽然不能“干事”，却能“和人”，或者能营造某种适合干事的“气氛”，这种员工也是不可少的人才。

所谓团队，正是各种人才的一种凝聚。如果仅仅是把“能干事的”集中到一起，远不是团队，充其量只是一种集合。团队离不开凝聚力，而能产生凝聚力的往往是“甘草”之类不治病的黏合剂。当然，这里面有个分寸度量问题。假如一个中医开出的药方，只有“君臣”没有“佐使”，那么这个中医就不称职。如果事情反过来，一个中医只喜欢“甘草”而排斥“大黄芒硝”，那他就是典型的庸医。作为经理，能够把“虎狼药”和“引子”恰当搭配，这才能够体现出用人的功力。

第三章　如何选拔人才

12. 人才选拔新解：相马和赛马

赞美相马的呼唤伯乐，强调制度的反对人治，我们何时才能走出这种非此即彼的困境？管理者应该知道，伯乐和赛场二者谁也离不开谁。

伯乐相马的故事妇孺皆知。从春秋到战国，人们常以伯乐为例来说明人才选拔，唐代韩愈《杂说》四首中的名句“世有伯乐然后有千里马”，更是家喻户晓。韩愈赞美伯乐，感叹“千里马常有而伯乐不常有”，一个重要原因在于他本人就是伯乐故事的受益者。唐德宗贞元八年，韩愈参加科举考试，主考官是陆贽。陆贽为了更准确地掌握考生情况，请了他的两个朋友梁肃和王础帮助自己，这三位都满腹经纶，为国求贤尽心尽力，当了一次名副其实的伯乐。此科共取进士二十三人，韩愈名列第三，同榜全是名满天下的青年才俊，号称得人最盛，“其后一二年，所举及第者皆赫然有声”（韩愈《与祠部陆员外书》）。所以，后人称陆贽主考的这一榜为“龙虎榜”。

相传伯乐是秦穆公时人，本名孙阳，因他擅长相马驭马，世人以典天马的星宿伯乐名之，可见伯乐相马的水平得到世人公认，历朝历代，当各种组织需要人才时，就有人呼唤伯乐再世，希望领导人成为伯乐。然而，伯乐并不好当。韩愈认为陆贽是伯乐，比陆贽文采更出众且影响更大的欧阳脩[①]也想当伯乐，却适得其反。宋代欧阳脩当主考，发榜后“时所推誉，皆不在选”，于是落榜生把上朝的欧阳脩堵在路上，“群聚诋斥之，街司逻卒不能止”，颇有当今群体性事件的模样；还有些落榜生更为下作，写匿名帖子诅咒欧阳脩（见《宋史·选举一》）。看来，即便才能足以当伯乐，要想成为真正的伯乐还要受多种因素限制。

正因为当伯乐之难，两千年来口耳相传，给伯乐的故事添加了许多无法验证的逸闻。例如所谓用千金买来伯乐在马市上的回头一顾，所谓伯乐儿子拿着相马经找到了一只蛤蟆等等。这些故事，既反映出人们对伯乐寄予了更多期望，也可以看到人们对伯乐的些许怀疑和几分调侃。但不管哪种传说，人们总是希望真正的千里马能够脱颖而出。

20 世纪 80 年代改革开放之初，百废待兴，舆论界呼唤伯

① 欧阳脩一般写作欧阳修，但是，欧阳脩本人一直用“脩”字，尽管“脩”“修”两字通用，按照姓名书写规则，仍然应该保留脩字。详见辛德勇教授关于《欧阳脩文集》名称和《新五代史》作者的考证辨析。

乐蔚成风气。很快人们就发现，呼唤伯乐之人，总以千里马自许。自己榜上有名，主考就是陆贽；自己名落孙山，主考就是欧阳脩。所以，领导人是否伯乐的评价，有时也不靠谱。于是，又有一种说法：选拔人才不能靠伯乐相马，而要靠跑马场赛马，是骡子是马不能靠伯乐说了算，而要出来跑两圈。还有批评者认为，相马说本质上是人治，赛马说才是法治。90 年代后尤其是进入 21 世纪以来，赛马说逐渐占据主流，更多的人开始重视人才选拔中的制度建设，伯乐之说渐趋冷寂。

问题在于，主张相马的人，往往看不到赛马的优势；而主张赛马的人，往往把赛马与相马对立起来。所以，谈论人才选拔者，不是以相马否定赛马，就是以赛马否定相马。这种非此即彼的论断，妨碍了人们认知的深化。实际上，相马和赛马各有利弊，二者结合起来才是正道。

对于相马而言，我们在寄希望于领导人当伯乐的同时，还要清醒地看到，伯乐施展才能要受很多因素的影响。首先，伯乐自身的知识和经验，既是相马的基础，又会限制相马的视野。人们往往反对戴着有色眼镜看人，尤其反对门缝里看人，然而却忽视了任何人都有一幅有色眼镜，而且都趴在门缝里，只不过知识和经验决定了眼镜的色调偏向、底色浓淡以及门缝的宽窄正斜。其次，利益会对伯乐的视力造成屈光。同样是伯乐，在不同的利益机制下，有可能偏于近视，也有可能偏于远视，或者还有散光；如果不同利益相关者给伯乐强加上不同屈光度数和偏转角度的矫正眼镜，视力正常的伯乐反而有可能看不清楚。再次，组织会限定伯乐的场景。即便是真正的伯乐，放在不同的场景中效果大不一样；如果场景中再配上不同的灯光和不同的背景，或者把伯乐安排在不同的位置，其观察马的感受会大不一样。所以，单靠相马，有可能评判不当。

对于赛马而言，不见得最好的马肯定就在赛场上跑得最快。首先，马的饲养状态和临赛状态，对于马能不能在赛场上最佳发挥关系极大。如果世无伯乐，很有可能把千里马安排到拉大车的轨道里，平庸的马夫鞭打呵斥，甚至克扣草料，导致上赛场之前已经遍体鳞伤瘦骨嶙峋，好马也别指望它跑出好成绩。其次，赛场上的偶然因素太多，即便是世界排名第一的种子赛马，跑不出正常成绩也是常事；我们总希望优秀马匹能够跑在前面，然而会有许多无法预料的情况妨碍马的能力发挥；如果冷不丁的一声炸雷，十有八九会惊了马而乱跑一气。再次，兴奋剂之类的干扰，会混淆骐骥和驽钝，吃了瘦肉精的猪，比不吃瘦肉精的猪更能得到屠宰场的青睐，赛马名次会影响到各方利益，跑马场也会出现各种瘦肉精。最后，考官的评价尺度和组织对马的要求，使赛场不见得只看速度。很有可能，跑得最快的马长相不入考官的法眼，身高尺寸不合法定的千里马标准，步伐和跨度与组织规定不一致。如此种种，赛马也不见得选出的都是好马。

有鉴于相马和赛马的种种不足，管理者应该看到，单纯依赖相马，或者单纯依赖赛马，都有可能失马。把二者对立起来，更无助于选出好马。在改进选马方式的路径上，应该遵循这样一条思路：实现伯乐和赛场的互补，而不是以伯乐排斥赛场，或者以赛场排斥伯乐。推而广之，一切管理制度，都要追求能够使伯乐的作用得到最大限度的发挥，激励那些还不是伯乐的人向伯乐的方向努力。而伯乐本人，则要在制度的约束下尽到自己的最大责任，并力求减少自己可能出现的偏差。反过来，制度又要对伯乐的这种努力予以正面鼓励。

以性恶论作为制度建设的假设前提，在最好的情况下，也只能防范恶，而难以鼓励善。好的制度，应该以激励善行为宗旨。任何制度体系，其底线是把有可能出现的恶行控制在可以容忍的范围内，其顶线是为善行提供足够发挥的空间和激励。前者是防止制度堕落的必要规范，后者是促进制度优化的发展方向。当今的制度论者，往往对前者较为重视，而对后者视而不见。须知只有做到后者，才能形成制度改进的良性循环。

13. 怀才不遇谁之过："用脚写字"的罗隐

所谓怀才不遇，往往是上面的小肚鸡肠和下面的桀骜不驯杂交的产物。

历朝历代，怀才不遇的人比比皆是。确实有许多杰出人士，或因忤逆上意，或因谗言诋毁，或因特立独行，或因政见相异，被排挤出政治舞台，浪迹江湖，有的甚至根本登不上庙堂台阶，沉沦草泽，空有满腹经纶，遗恨终生。人们一般都为其打抱不平。尤其是上位者如果属于尸位素餐的无能者，更会加剧社会反感。用人不公的感叹，多与这种情形有关。

平心而论，造成"世胄蹑高位，英俊沉下僚"局面，多数是上层的责任。例如，唐玄宗时李林甫担任宰相，口蜜腹剑，稍微出众的和才能胜己的，一概被排斥在外。为了压制下面的官员，防止下面官员乱说话，李林甫告诉大家：看见朝廷仪仗队中的马了没？这些马好草好料供养着，就是为了好看，站在队列中不能乱叫。一旦乱叫，立即就会被从仪仗队开除。然而，在特定情况下，假如上面主事的不是李林甫，下面遭到排挤的有没有可能是怀才不遇者自己举措失当造成的？有一个“用脚写字”的故事，似乎可以印证这一点。

晚唐有一位十分有名的诗人罗隐，文采堪称一绝，狂傲也堪称一绝。正因为他的狂傲，使他的仕途备遭坎坷。他曾经参加过十多次科举，然而每次都名落孙山。倒不是因为他文章不好，而是因为他桀骜不驯的名声。他的诗句脍炙人口，如“时来天地皆同力，运去英雄不自由”，流传极广。如果唐代科举像后来那样实行糊名弥封，罗隐中个进士会十拿九稳，但唐代科举的卷面公开，而且要靠名士推荐，主考赏识更为关键，罗隐之狂，导致没有一个主考愿意录用他。所以，他落下个“十上不第”的外号。按照《吴越备史》的记载，罗隐本名罗横，就是因屡屡科考不中，才改名为隐。“隐本名横，凡十上不中第，遂更名。”罗隐自己在《逼试投所知》一诗中写道：“桃在仙翁旧苑傍，暖烟轻霭扑人香。十年此地频偷眼，二月春风最断肠。曾恨梦中无好事，也知囊里有仙方。寻思仙骨终难得，始与回头问玉皇。”（《全唐诗》卷六五七）对于大才子的这种命运，人们多抱以同情和惋惜。

实际上，罗隐的困局，与他自己的行为不当有很大关系。《唐语林》卷七就记载了这样一件轶事：“罗既频不得意，未免怨望，意为贵子弟所排，契阔东归。黄寇事平，朝贤意欲召之。韦贻范沮之曰：某与之同舟而载，虽未相识，舟人告云：此有朝官。罗曰：‘是何朝官？我脚夹笔，可以敌得数辈。’必若登科通籍，吾徒为秕糠也。由是不果召。”大致意思是，罗隐屡考不中，牢骚满腹，认为是权贵子弟阻断了自己的进身之路。黄巢起义被平定后，朝廷慕罗隐之名打算召用。担任要职的韦贻范说了关于罗隐的一件往事：罗隐回老家时，韦贻范与其同船，互相并不认识。船夫为了小心起见，告诉船客，船上有朝官在座。罗隐很不以为然，当下大咧咧回嘴道：“什么朝官？我用脚夹笔写字，也胜过他们数辈。”韦贻范认为，像这样的狂徒一旦重用，那些他看不上的读书人还有活路吗？经过韦贻范这么一搅和，罗隐的仕途彻底泡了汤。

从罗隐之事可以看出，怀才不遇，沉沦下僚，很可能是两种情况造成的。一种是上面的执政者小肚鸡肠，压制俊杰。另一种就是当事人自己过于狂傲，不尊重他人，从而遭到他人的抵制。当你“用脚写字”时，你自己认为这是一种才情表现，但是，其他人一般会认为是你不知道天高地厚。关中农村批评这种现象有一句民间歇后语：“手提碌碡打月亮——不但看不出高低，而且掂不出轻重。”

改变这种情形，需要从两个方面努力。对于掌权的上层来说，应当时时刻刻反问：组织的制度是不是不允许下层冒尖？制度的执行上是不是过于照顾平庸？主事的领导人是不是胸怀不大？没有这样的反问，管理就难以提升，杰出人才也难以脱颖而出。对于怀才不遇者来说，则应当从自身角度反思：是不是自己过于张狂？自己有没有表现出好高骛远、恃才傲物？要知道真正有才能的人大半是谦谦君子，那种靠外在气势来赢得别人另眼看待者多数底气不足。没有这样的反思，当事人自己的素养就难以养成，与同事的合作也会遇到障碍。即便是组织不如人意，同事水平较低，领导心胸狭隘，怀才不遇者也要适当注意自己的言行。这种注意言行，不是放弃原则的阿谀奉承，更不是低眉下气的拍马溜须，而是保有自己尊严的不卑不亢。哪怕你已经对组织和上司产生了严重看法，除非你打算辞职离开，否则，趾高气扬只会加剧矛盾，怨天尤人不能带来任何改进。认为自己不被领导赏识是因为领导人过错造成的，这类人员应该记住一句话：即便你没有任何过错，所有问题的责任都在对方，那么，对方改变行为最终要靠对方的认知，而不是靠你的态度。退一步说，你的态度和行为要改变对方的行为，得靠对方的注视和接受为前提。

孔子曾经说过："邦有道，危言危行。邦无道，危行言孙。"（《论语·宪问》）任何情况下，不能同你的价值观不允许的现象同流合污。但特立独行并不一定要言辞对抗。在宽松的组织条件下，行为上坚持原则，言论上同样坚持原则。在逼仄的组织条件下，行为上坚持原则，言论上则要逊让避害。这一点，值得恃才傲物者斟酌。孔子赞扬卫国大夫甯武子的话，很值得人们深思："甯武子，邦有道则知，邦无道则愚。其知可及也，其愚不可及也。"（《论语·公冶长》）

部下用脚写字，实际表达的意思是根本没把写字当回事，写出来的是不合作的狂傲。当然，如果领导人也用脚写字，那么，写出来的就不是字了，而是权力的专横。不管谁，都还是不要"用脚写字"为上。

14. 怪癖与常情：仁宗为什么不用王安石

人性中有常情，有怪癖，做官须具常情而无怪癖，从艺则以怪癖而显深情，唯有缺失人性者万不可用。

王安石是一个争议非常大的历史人物，在宋仁宗朝已经相当有名。人们一般认为，他的《上仁宗皇帝言事书》洋洋万言，已经基本形成了他的改革思想。按理来说，王安石当时已经名声远播，早已上达天听。但是，有一个问题史界却语焉不详，即仁宗为何不重用王安石？在关于王安石研究的诸多论著中，未能对此加以深究。

宋人笔记《邵氏闻见录》卷二记载了一件不起眼的小事："仁宗皇帝朝，王安石为知制诰。一日，赏花钓鱼宴，内侍各以金楪盛钓饵药置几上，安石食之尽。明日，帝谓宰辅曰：‘王安石诈人也。使误食钓饵，一粒则止矣；食之尽，不情也。’帝不乐之。”有人推测，王安石得不到仁宗重用，大概与此有关。在仁宗看来，误食鱼饵不足为奇，但吃一颗味道不对就会知道吃错了。能把一盘鱼饵吃光，说明此人不诚实。这也正是针对王安石发难的《辨奸论》一文的立论支撑点：“凡事之不近人情者，鲜不为大奸慝，竖刁、易牙、开方是也。”人之常情，衣服脏了要洗，饭菜追求可口，而王安石则不然，“衣臣虏之衣。食犬彘之食，囚首丧面，而谈诗书，此岂其情也哉?”

《辨奸论》挂名苏洵，是不是苏洵所作，已成历史疑案。但这并不重要，重要的是人们普遍认可这篇文章的观点。管理中，选人用人，往往受这种观点的支配。由此观之，仁宗不重用王安石，可能与误食鱼饵事件有关。但是，从管理角度讲，我们还需要反问一句：王安石误食鱼饵是不是使诈作伪?

关于王安石的各种怪癖，笔记史料的记载相当多。他不修边幅，蓬头垢面，上朝时虱子曾经爬到胡髭上。与同仁去洗澡，同仁故意拿来新衣服，把王安石脱下的旧衣服悄悄换掉。洗澡出来穿衣时，他根本不会发现衣服有何不同。人们对这种怪癖见得多了就会习以为常，而见得少了难免会产生误解。王安石当了执政后，负责宰执饮食的执事曾经告诉别人，王相公喜欢吃獐脯。王夫人听到后十分疑惑：她的老公从来不挑食，“饮食粗恶，一无有择”，难道地位高了口味也开始挑剔了?于是夫人就问执事怎么得知他好吃獐脯的?执事回答说：每次吃饭，相公不吃其他，单单吃光獐脯。夫人还是不相信，又问了各种菜肴摆放的位置，得知獐脯摆在靠近筷子的地方。夫人就让执事在以后侍奉时调换菜肴的位置，结果发现，放在远处的獐脯相公就不吃了，他只吃靠近筷子的菜肴。执事这才明白，王相公不是喜欢獐脯，而是喜欢顺手。类似的情况，在王安石那里多了去。以此推论，仁宗看到的王安石吃鱼饵，很有可能不是作伪，而是根本没发现鱼饵不是食品。仁宗少见多怪，发生了误判。

在用人上，最常见的问题是误解。用人不当，多与误解有关。如何消除对人的误解，值得管理者琢磨，尤其需要在人事考察评价上十分在意。“解蔽”不仅是学术研究的指向所在，而且是管理所需的基本能力。有时候，亲眼所见也会蒙蔽你。王安石喜欢吃獐脯，就是执事亲眼所见。然而，他的夫人因为常陪丈夫吃饭，就帮助执事用调换菜肴位置的方式校正了执事的失误。如果仁宗对王安石十分熟悉，多次接触，就有可能不会对他吃掉整盘鱼饵大惊小怪，后来的宋神宗似乎就没有产生过类似的误解。

没有见过骆驼，会产生“马肿背”的误解，见得多了当然可以消除。但有些误解不是凭借经验的丰富可以消除的，这就需要辨析。《辨奸论》强调以人情来判断是非，确实有其道理。但是，把怪癖等同于人情，有可能产生逻辑上的错配。人之常情，固然喜欢鲜衣美食，但是，这种常情与著名佞臣竖刁、易牙、开方他们缺少人之常情不是一回事。竖刁自宫，易牙烹子，开方弃亲，这种背弃人之常情的行为，其共同点是人性的缺失。而相当多的怪癖，恰恰是人性光辉的闪烁。当我们听到某个人物为了所谓的“工作”连父母妻子都不顾时，难免会产生心理上的厌恶；而当我们听到某人沉迷于某事常常连吃饭都忘记时，往往会心一笑；如果所沉迷的事情是公认的善事好事时，往往还会赞许。由此可见，《辨奸论》混淆了人情或者常情中的细微差别。学术研究中经常需要精确定义，就是为了防止概念的混淆。如果我们把人情定义为符合人性的常情，《辨奸论》的观点就是成立的。但是，《辨奸论》撇开人性，把对大众习惯的遵从看作人情，就使怪癖背上了恶名。从人性角度看，怪癖在很多情况下，不但符合人性而且饱含深情。明代张岱有一句话被人们广为引用："人无癖，不可与交，以其无深情也；人无疵，不可与交，以其无真气也。"（《陶庵梦忆》卷四《祁止祥癖》）这是张岱在谈到他的朋友祁止祥时所发的感慨。祁止祥其人的怪癖相当多，包括书画癖、蹴鞠癖、鼓钹癖、鬼戏癖、梨园癖等。而正是通过这些癖好，他的真情实性得以充分展现。《辨奸论》把怪癖当作不近人情，逻辑失误显而易见。假如我们把该文所指责的"囚首丧面"换作洁癖，立即就能看出这种失误。

对管理者而言，这一话题还可以进行更深的发掘。张岱之言，能够得到社会上的广泛赞许。但对于官场不一定合适。张岱所强调的是有怪癖的人有真性情，而有真性情不一定就能带来善治良俗。一旦性情压倒理性，为了情之所钟而不管不顾，就可能给管理带来副作用。张岱赞扬的祁止祥，为了一个梨园娈童阿宝，可以把一切都抛在脑后。这种人可以是挚友，但不可能成为好官。说起来，李后主、宋徽宗都不乏真性情，却把国家弄了个乱七八糟。斯隆在担任通用汽车总裁时，特别警惕把友情带入工作，就是出于这一考虑。由此可以推论，仁宗不重用王安石，可能反而有道理，只不过道理不在误食鱼饵上。夸赞张岱说得有理，不见得就一定要让艺术家做大官。如果让王安石一直做他的学问，很可能其成就更大。

15. 超越德才之辨：评智氏之亡

智伯亡于“才胜德”，司马光因此得出“宁用愚人不用小人”的推论。如何超越君子小人之辨且引导人们德才双修，需要今人超越司马光。

《资治通鉴》是从三家分晋开始写的。人们一般认为，三家分晋和田氏代齐标志着由春秋进入战国。所谓三家分晋，就是晋国的赵魏韩三个大夫，随着实力的增强瓜分了晋国。但是，人们不一定清楚，在三家分晋不久前，晋国实力最强的大夫并不是赵魏韩，而是智氏，不过在三家分晋前，智氏就被灭族了。

晋国智氏的灭亡，就灭亡在所谓的“能人”身上。大约在春秋战国之交，晋国的智氏家族出了一个“杰出人才”——智瑶。史称他有五大优点（五贤）：一是相貌堂堂，一表人才（美鬓长大）；二是射箭驾车，力量过人（射御足力）；三是心灵手巧，技艺超群（伎艺毕给）；四是文采出众，能说会道，善于辩论（巧文辩惠）；五是性格刚强，果断勇敢（强毅果敢）。但这样一位能人，却有一样不足，就是少了点仁爱之心，多了点贪鄙之念，还有点刚愎自用。结果，智伯以他的优势，欺凌赵魏韩三家，激起了众怒，最后被赵魏韩所灭。

据说，当初老智伯（就是智瑶的父亲智宣子）在立智瑶为继承人的时候，同属智氏家族的智果就很不以为然，主张不立智瑶而立他的兄弟智宵。智果反对立智瑶的理由就是他太能干了。太能干反而不能用，这似乎有点匪夷所思。智果的理由是，智瑶有五大优势，但缺乏仁爱（《左传》称其“贪而愎”），欺凌起他人来，谁能挡得住？谁能受得了？结果，老智伯怎么也听不进去。这也难怪，任何人都会觉得，这么优秀的一个人才，不立他怪可惜的，枉生了他一身能耐。最后，老智伯坚持立智瑶为继承人。智果见劝阻无效，干脆在户籍主管部门那里登记同智氏家族分开，另立门户，变成了辅氏。这等于宣布，你干得好我也不沾你的光，你惹了事我也不吃你的亏。

小智伯即位以后，果然大显身手。当时，晋国的卿大夫是赵、魏、韩、智四家角力，操持着晋国的政务。刚开始，赵氏还占优势，控制着朝政。很快，智伯的能耐就使智家发展壮大起来，他本人也屡立战功，在晋国树立起了威望。主持国政的赵简子死后，智氏一家独大，开始打兼并另外三家的主意。晋懿公就是智伯立的，从此智伯一手操持着晋国的政务。但不管智氏多强，赵、魏、韩起码在名声上还是同智氏平起平坐的，问题就出在智伯压根儿不把他们三家放在眼里。他早年因为强迫赵襄子喝酒，结下了宿怨，后来在蓝台与韩康子、魏桓子宴饮，拿韩康子开涮，侮辱魏桓子的家人段规，俨然不可一世。有人劝他别这样盛气凌人，小心招来祸害。他满不在乎地说："难将由我，我不为难，谁敢兴之！"（我不祸害别人就是万幸了，谁敢祸害我！）随着智氏势力的强大，他开始进逼魏、韩、赵，向他们索要土地。魏、韩两家惹不起，同时也暗暗希望智伯激起众怒，于是各给了他一个万户之邑。当智伯进一步向赵氏索要土地时却被拒绝。这下子，智伯大怒，发动了对赵氏的战争，领着魏韩两家攻打赵氏所守的晋阳。这场围城战打了一年，最后，智伯干脆引来晋水淹城，眼看就要成功，水一直淹到城墙只剩下"三版"的高度。他却没有想到，自己过去的恶霸行径得罪人太多，魏韩两家只是敢怒不敢言而已，他们已经悄悄同赵襄子私下联络。结果是智伯在临近胜利之时，被赵、魏、韩三家夹击，大水反灌智伯军营，智氏全族被诛，只有早脱离了智氏家族的辅果（即另立门户的智果）生存下来。赵襄子为了报仇，还把智伯的头颅做成喝酒的酒具。这件事，发生在公元前453年。

司马光称："智伯之亡也，才胜德也。……是故才德全尽谓之圣人，才德兼亡谓之愚人，德胜才谓之君子，才胜德谓之小人。凡取人之术，苟不得圣人、君子而与之，与其得小人，不若得愚人……自古昔以来，国之乱臣，家之败子，才有余而德不足，以至于颠覆者多矣，岂特智伯哉！"

司马光对智伯之亡十分感慨，他的态度很明确，把人按德和才的关系分了四等：德才兼备是圣人，德胜于才是君子，才胜于德是小人，无才无德是愚人。在用人上，宁可用无德无才的愚人，也不能用有才无德的小人。因为愚人无才，即使作恶也危害不大，就像小狗想咬人，不费劲就能制服它。但是小人如果得志麻烦就大了，他会凭借自己的聪明才智，作起恶来如虎添翼。古往今来，祸国败家者都是才有余而德不足。智伯之亡，就亡在了“才胜德”上。

司马光的这段“德才之辨”，向来被人们看作用人的经典。但是，这里面还有值得商榷的地方。重德毫无疑问是正确的，但如果不重才，那就意味着庸人当道。在选人时，首先应当注重人的德行，一旦人品不好，越有才能，造成的危害越大。智伯一类所谓的人才，一旦有所成就，就会兴风作浪。有许多公司，垮就垮在公司的骨干甚至是领头人的品德问题上。小人往往很能干，而正是他们的能干，会在一定程度上掩盖了他们的品德缺陷。从这一意义上看，司马光的告诫有他的道理。

但是，司马光毕竟只是一个文人，他没有从“董事长”或者“总经理”的角度考虑问题，站着说话腰不疼。从管理的要求来看，用人是要干事的，如果宁用愚人也不用能人，所谓事业云云，一概都要免谈。实际上，《通鉴》中用能人的例子也很多，比如，楚汉相争时刘邦重用“三杰”，就是尽人皆知的一例。按刘邦自己的总结：“夫运筹帷幄之中，决胜千里之外，吾不如子房；填国家，抚百姓，给饷馈，不绝粮道，吾不如萧何；连百万之众，战必胜，攻必取，吾不如韩信。三者皆人杰，吾能用之，此吾所以取天下者也。项羽有一范增而不能用，此所以为我擒也。”通篇说的是能而不是德。所以，真正要打天下，能力是必不可少的，司马光所谓的宁用愚人不用小人的观点过于偏激。

而且，人的品德并不是非好即坏的两极，在“圣人”和“小人”之间，存在着一个漫长的过渡谱系，现实中的人，绝大多数都处于这个谱系中间某一点上。当代文学曾经批判过“中间人物论”，结果使文学走向“高大全”和“阶级敌人”的两极对立，追求道德天堂，却打造出人间地狱，演绎出了一幕幕闹剧和悲剧。按照司马光的逻辑，势必得出只有大慈大悲全知全能的救世主横空出世才能拯救人类的结论，这正是柏拉图的“哲学王”理想国。理想国不是坏事，但要把世界改造为理想国的追求却制造了无数苦难。所以，智伯之亡的史实，在司马光那里得出的推论是重视品德，圣人治国；在当代则要强调对品行不端者的控制和引导机制。而这种制度建设，并不排斥司马光提倡的道德修养。跳出两极对抗性思维，这正是需要我们超越古人的地方。

16. 资历也是好东西：从停年格到循资格

用人该不该论资排辈？在多数情况下，讲资历是必要的，尽管这不是最佳选择，但往往是次优选择。管理中不要总想做到最好，而要先想到最不坏。

在用人方面，说起论资排辈，恐怕没有几个人赞扬的。既然大家都不赞成论资排辈，那就应该放弃它；然而在实际运作中，却往往少不了论资排辈。对此，简单化的肯定或者否定，都无助于我们改进人力资源管理。

从历史看，论资排辈源远流长，很早就有了制度化体系化的保证。北魏孝明帝时，吏部尚书崔亮曾经专门制定过一个"停年格"，即按年资决定任用升迁。当时就有人批评"停年格”说：“士无善恶，岁久先叙，职无剧易，名到授官。执按之吏，以差次日月为功能，铨衡之人，以简用老旧为平直。”(《魏书·辛雄传》) 批评归批评，按年资用人却照行不误。到了唐代，就在号称盛世的开元年间，吏部尚书裴光庭，制定了一个“循资格”。对此也有人提出了不客气的批评，据《新唐书·选举志》载，这种制度“贤愚一概，必与格合，乃得铨授，限年蹑级，不得逾越。”在反对意见声中，唐玄宗进行了适当调整，对“才业优异有操行及远郡下寮名迹稍著者”可以破格提拔，而制度整体上并未废除资格之法。

说起来，崔亮、裴光庭这些大臣都不是等闲之辈，不会不知道论资排辈的害处。那么，他们为什么还要制定和坚持这种制度呢？如果了解他们出台这些制度的背景，就不难理解他们的用心。崔亮所处的时期，武人跋扈。崔亮长期从事选官，“六为吏部郎，三为尚书，铨衡所宜，颇知之矣。”但他顶不住那些军人的压力，只好用停年格来稍加限制。所以当他的外甥刘景安也批评这一制度时，他只好发出感叹：“昨为此格，有由而然，今已为汝所怪，千载之后，谁知我哉？”裴光庭的名声不是那么显赫，但政务处理还是有一套的。唐代的选官制度，曾经一度注重不次提拔，极易使人产生投机心理。尤其是从武后到中宗，过于普遍的快速提拔升迁产生了极大的副作用。所以，裴光庭用“循资格”来防范官场上的“冒进”，自然有其合理因素。正如隋唐史名家岑仲勉教授所言：“泛滥之破格，实不可以经久。盖偶然破格，故任何时代所不免，而一般循资，则为任何时代所不能打破。政务上之破格，有时或收效甚宏。常务而破格，势必引生不良之后果。在封建时代，人人得躐阶而进，更无异于奖励钻营。”、“开元初叶所以致治，未始不由于此。”（《隋唐史》，中华书局 1982 年版第 188 页）

由此可见，简单地批评论资排辈，有可能使人才选拔产生更大的弊端。资历这东西，归根到底，标志着知识和经验的积累。没有一定的资格和经历，哪怕你是旷世奇才，也很难一下子就胜任要职。即使从道理和逻辑上把一件事情弄得十分透彻，如果没有亲身经验，那也会没有“感觉”。所以，尽管资历不等于能力，但是从概率上看，资历和能力在多数情况下是正相关的。用人要讲资历，就是出于这种概率判断。当然，也有一些人的资历和能力不成正比，这种人需要的是“破格”，而破格在任何情况下都是少量的，是对“循资”的补充而不是替代。一旦大量“破格”，那就有可能引起更大的弊端。

讲资历，是因为资历和能力一般情况下成正比，但是单讲资历而不看能力，资历的积极意义也就不存在。这种“不看能力”才是人们讨厌论资排辈的关键。如果资历和能力匹配，论资排辈有何不可？

再进一步，我们能不能在用人上建立一个十全十美的制度？恐怕不可能。这个世界，任何东西都没有十全十美，一旦出现所谓的十全十美，那就得提高警惕。当年的计划经济强调自己是完美的，而市场经济承认自己是不完美的，孰优孰劣已经十分清楚。人的理性是有限的，管理中千万不要想着找出最好的制度，我们只能找出现实条件下最不坏的制度。在用人上重视资历固然有缺陷，但我们在找不出更好的办法时，只能采取这一标准。资历也是好东西，一个“也”字，就说明它不是最好，但却是我们能够接受、能够采纳之好。不讲资历，有可能更坏。

17. 学历与才干的关系：左宗棠和樊增祥的故事

学历对个人有用，才干对社会有用。如何把二者统一起来，是历代没有解决好的管理问题。

从中国有了科举制开始，“功名”便成为读书人的头等大事。“缙绅虽位极人臣，不由进士者，终不为美。”（《唐摭言》）中国人好面子，官当得再大，学问再好，如果没有个进士头衔，总是一块心病。晚清名人左宗棠，就因这块心病，引起了一段波折。

左宗棠一生最大的遗憾就是没有考中进士，只是个举人出身（道光十二年中举）。这就有点像今日的高级官员头上没有戴过博士帽一样，总觉得是一种遗憾。当然，举人也可以当官，然而，同进士出身相比，差别不啻天壤。从明代开始，举人任职，只能在边远地区的穷山恶水；进士任职，则是紧要繁冲的肥庾膏壤。举人政绩再出众，只能艰难地在仕途上跋涉；进士只要镀点金，三跳两跳就进了中枢。因此，举人当官，总感到气短。

左宗棠才能出众，以卧龙自比，恃才傲物，然而作为举人，不可能直接当上大官。特别是他的性格，与谁也不能共事，是以倔强著称的“湖南蛮子”。幸亏当时的湖南巡抚骆秉章慧眼识英雄，将其聘为师爷。按照清代的规矩，官员对师爷都十分尊敬，待以宾礼。然而，师爷没有任何官场身份，只能在幕主的身后策划。不过，左宗棠不同于常人，岂能屈居于他人之下。骆秉章又十分信任他，对左宗棠言听计从，把一切政务都交给他处理，自己乐得当甩手掌柜。左宗棠也就当仁不让，颐指气使，俨然成为不是巡抚的巡抚。甚至连左宗棠代拟的巡抚奏折，骆秉章连过目都不过目就直接发给朝廷。凡是巡抚手下大员向骆秉章请示汇报，骆秉章干脆让他们直接询问左师爷。

但左宗棠这种专横跋扈，操持省政，很快遇到了麻烦。清代的规矩重文轻武，只要是文人都看不起武官。进士看不起举人，举人则看不起总爷。左宗棠以举人出身，在进士面前觉得低三等，而在武官面前则觉得高一头。据刘成禺《世载堂杂忆》记载，咸丰九年，署理提督、永州镇总兵樊燮有一次因事谒见骆秉章。骆秉章让樊燮直接去见左宗棠。樊燮见了左宗棠并不请安，惹得左宗棠怒气大发，厉声喝道：“武官见我，无论大小，皆要请安，汝何不然？快请安！”樊燮则以体制相抗，称：“朝廷体制，未定武官见师爷请安之例。武官虽轻，我亦朝廷二三品官也。”左宗棠看到一个丘八竟然敢顶撞自己，越发急了，起身就要踢樊燮，一边骂着：“滚出去！”樊燮亦恼怒不堪，狼狈退出。不久，樊燮就被朝廷革职回了老家（《世载堂杂忆·左宗棠与樊云门》）。

左宗棠过于张狂，本来就人缘不太好，辱骂樊燮恰好给人提供了口实，骆秉章因此遭到“一官两印”的弹劾。朝廷令湖广总督官文密查，并指令道：如弹劾情状属实，对左宗棠如此狂徒，必须严办。执掌军机的肃顺，把这一奇闻告诉了门客高心夔，高心夔又转告了著名文士王闿运，王闿运再告于在南书房当值的郭嵩焘。郭嵩焘与左宗棠相交甚深，岂可不救？就请王闿运在肃顺那里想办法。肃顺示意找别的大臣保荐，他好借机说话。于是，郭嵩焘找了同在南书房当值的潘祖荫，由潘祖荫上疏力保左宗棠。疏中有“国家不可一日无湖南，湖南不可一日无左宗棠”之句，另外加上胡林翼、曾国藩等人为左宗棠说话，肃顺顺水推舟，称“人才难得，自当爱惜”。结果，左宗棠因祸得福，被任命为四品京堂候补，襄办湖南军务。自此，左宗棠开始飞黄腾达，很快成为封疆大吏。当然，左宗棠不忘潘祖荫的恩情，一直都以厚礼相送，仅仅每年冬天的“炭敬”一项，照例为一千两。潘祖荫是个金石家，左宗棠就给他送文物古董。同治十二年，时任陕甘总督的左宗棠，还给受革职处分的潘祖荫送去了西周名器大盂鼎。

话分两头，樊燮被革职，忿忿不已。无端受左宗棠侮辱，无非是因为武官没有科举功名。自己没有希望了，就靠子孙为自己扬眉吐气。于是，他写了个木牌，称为洗辱牌，上面只有六个字——“王八蛋滚出去”，供在祖宗牌位下。他不但让两个儿子樊增祹、樊增祥看着这个牌位，而且让儿子穿上女装。“考秀才进学，脱女外服；中举人，脱内女服，方与左宗棠功名相等。中进士，点翰林，则焚吾所树之洗辱牌，告先人以无罪。”以此激励儿子取得比左宗棠更大的功名。他的儿子樊增祥，果然没有辜负他的一片苦心，光绪三年考中进士，馆选为庶吉士，进了翰林院，外放后当过陕西按察使、江宁布政使，一直到署理两江总督。西北大学的前身陕西大学堂，就是樊增祥在陕西时主持兴办的。樊增祥出身武官家庭却成了一代文士，颇有诗名。辛亥以后，他作为名士，曾先后在湖北的督军府等任过职。

斗转星移，物是人非。当年，无论是左宗棠还是樊燮，“学历”问题都是一块心病。据说左宗棠执掌大政后，在他的手下特别重用举人而百般刁难进士。看来，“学历”确实有用，不然，人们就不会为它耿耿于怀。然而，“学历”和一个人的历史贡献并不一定成正比。仅仅过了一百多年，中国很少有人不知道左宗棠，但是，除非是专门学者，很少有人还知道樊增祥。总体上，“学历”是对自己有用，而“才干”则是对社会有用。弄清了这一点，有助于我们对学历学位形成一个正确的认识。

第四章　用人的价值导向

18. 企业该如何施恩：漂母与韩信的故事

施恩不图报是慈善，知恩报恩是交易，依赖式施恩是豢养，滴水之恩当涌泉相报是江湖。恩与报的关系，值得细细琢磨。

韩信当年落魄时，连饭都吃不上，曾经在一个亭长家里混饭，结果亭长老婆故意提早吃饭，以冷灶白眼逼走了他。有一位可能是在染坊打工漂洗棉絮的妇女，出于好心，接济没饭吃的韩信，一连数十日，韩信的饭食都来自这位漂母。有可能是感受到亭长夫人与漂母的做人差别太大，韩信一时头脑发热，夸下海口，说他将来要重重报答漂母。没想到，漂母把韩信狠狠责骂了一顿，说："大丈夫不能自食，吾哀王孙而进食，岂望报乎!”（《史记·淮阴侯列传》）这一责骂，对于韩信后来的发迹具有重要意义。

人们常说历史不能假设，但从管理的角度看，带有假设的历史更有趣，更能反映出行为选择的不同后果。如果我们的历史学家学会假设，那么，就有可能早日走出“历史必然性”的迷宫。假如那位漂母不是责骂韩信，而是好言劝慰，让韩信不要为吃饭担心，有她在就不会让韩信饿肚子，韩信会是什么反应？假如漂母从一开始就居高临下以恩人自居，教导韩信要知恩图报，韩信又会怎么想？之所以做这样的假设，因为我们当代的管理中不乏看到这样的假设变成事实。

漂母的行为立足于一个非常重要的准则：施恩不图报。一旦施恩图报，这就不再是善行，而是投资。作为管理者需要区分善行和投资的区别，这也正是现代企业必须把慈善行为和经营行为区分开来的理由。有的企业热衷于进行一些目的在于强化员工回报的感恩活动。不可否认，这些感恩活动对于改善企业氛围、调整人际关系、激发员工的努力都有积极作用。然而，企业领导人必须明白，感恩不是交易，一旦施恩的出发点是追求回报，就会恩义尽失。即便期望的回报不属经济性质，道理相同。当然，你仍可以把这种交易带来的回报称为感恩，用什么词汇无关紧要，紧要的是词汇的意蕴。把追求回报的行为称为施恩并不罕见，现实社会中有不少父母对子女就是这样施恩的，但是，即便是父子母女，这样的施恩也不可能增进亲情，亲情建立在没有回报的基础之上。作为企业，施恩图报的活动，不过是给交易行为戴上了情感的面纱，其真实内涵是利害计算。

即便施恩不图报，也要注意不能用自己的同情心理激活对方的依赖心理。有些感恩活动，并不期望回报，却期望受恩者对施恩者的依附和顺从，家庭中这种现象尤其多见。不少父母，对青少年的青春期叛逆十分头痛。但从另一角度看，没有青春期叛逆，子女就是永远长不大的孩子，甚至在成人后也会变为啃老族。假如漂母的经济条件允许，以不求回报的想法把韩信的饮食大包大揽下来，韩信就很有可能不去自我奋斗，甚至会失去自主自立的欲望。那么，不要说建功立业，一旦漂母不能供给或者离开之后，韩信自己的生存都存在困难。人工豢养的动物会失去野外生存的能力，甚至不会觅食，就是这个道理。从漂母对韩信的责骂来看，她虽然施恩不图报，却深知豢养会产生废物。所以，她以责骂刺激韩信去“自食”，去做“大丈夫”，而不是仰人鼻息。

作为企业，经营者应该清楚，如果对员工采取豢养式的施恩，那么员工就会失去独立性。失去独立性的员工虽然听话，却不能建立属于自己的事业心。很多领导都喜欢依附性强的下属，而依附性会弱化下属的责任心。没有自己事业心的员工，最好的情况下也只是完成与企业之间的交易；缺乏责任心的员工，则在完成交易时也会偷工减料，更谈不上有所创新。而没有创新的交易会使边际效益递减。企业的性质决定了它不可能豢养“废物”，而员工认为企业养活自己是天经地义。由此而产生各种矛盾，甚至发展到“恩断义绝”。领导人对员工的不满，个人对组织的不满，往往就是这样形成的。

另外还要指出，由于“恩”和“养”的程度不同，所以从依附到独立、从“贵人相助”到自强不息，不是黑白分明的两极，而是一个连续谱。现实中的施恩与交易，是在“豢养”和“图报”之间移动的，呈现出一种互相交错、强弱变化的图景，所以，在多数人身上，反映出的是依赖和自立、求助和自强之间的程度差别。一般来说，那些只抱怨外部条件而意识不到自身责任、责怪政策与他人的问题而放弃自身努力的人，多多少少都有程度不同的上述因素在内。20世纪70年代，曾经有一位吃救济成瘾的人，守着救济粮等别人帮他加工而最后冻饿死亡，这毕竟属于极为个别的现象，然而，抄袭了文章却抱怨政策逼良为娼，踢球输了却指责场地有问题，考试成绩不好却认为考场太黑，工作业绩太差却痛骂业绩优秀者，类似的现象并不鲜见。凡是这种现象，都是一种不当的恩养体系造成的期待恩赐心理在作怪——哪怕当事人并没有意识到。民间俗语“升恩斗仇”就是说的这种心理：当给一个人施舍一升米时，你是恩人；当你的施舍增加到一斗米时，你是仇人。“恩将仇报”不仅仅是一种人格的堕落，而且是一种博弈均衡点的漂移。网络段子有云：乞丐到小王家乞讨，他给十元，第二天乞丐又去，又给十元，持续两年。一天只给五元。乞丐问：以前给十元，怎么现在给五元？小王答：我结婚了。乞丐一巴掌打过去：你竟拿我的钱去养你老婆？这个段子可以告诉人们：当提供免费服务让客户成为一种习惯，这种服务就不再是优势，而是劣势。

把韩信与漂母的关系转化为企业关系，在进行类似于感恩活动的时候，管理者要注意的是：首先，恩和报的关系，要依据慈善与交易的不同性质来确定；其次，施恩不能追求增强员工的依附心理，而应激发员工的自强心理，起码要做到与培育员工的自主自立措施配套；最后，施恩的尺度要把握恰当，既不能刻薄寡恩，也不能滥无边际。当然，施恩要有回报，但这种回报是出于受恩者的自觉，而不是施恩者的强求。

施恩会产生影响力，而影响力会有不同的方向。麦克利兰的《权力的两面性》一文，曾经分析了好权力和坏权力，好权力能增强追随者的自信，坏权力会强化对追随者的控制，这种对权力的分析思路，同样可以用于施恩。

19. “用人不疑”和“使功不如使过”之辩

“用人不疑”立足于信任，“使功不如使过”立足于控制，“边用边疑”则是考察下属可信程度的过程。

中国古代关于用人的谚语极多，“用人不疑，疑人不用”就是一例。尽管关于这条谚语有过观点上的争论，但这条谚语的含义是强调建立用人的信任机制，应该说是没有多大问题的。从经济学的角度看，如果没有基本的信任，就会极大增加用人的成本。从这一角度看，“用人不疑”有它的合理性。如果互不信任，互相提防，不但会使资源消耗于内部，而且还妨碍形成真正的合力和团队，严重影响事业发展。

还有一条谚语，叫作“使功不如使过”。说这条谚语人也很多，从秦穆公用孟明（百里视），到两汉之际索卢放说“夫使功者不如使过”（《后汉书·独行列传·索卢放》），再到唐高祖说“使功不如使过，李靖果展其效”(《旧唐书·李靖传》)，一直到康熙皇帝问徐乾学“使功不如使过”的出处(江藩:《国朝汉学师承记》载阎若璩语)，可以看出这条谚语广为流传。说直白些，这条谚语主张使用那些有过错的人，他们会更卖力；而使用那些有功劳的人，则往往会居功自傲使唤不动。

把这两条谚语糅合到一起的有一个人，就是曹操。据《三国志》记载，曹操在官渡冒险取胜，灭了袁绍，战利品中有曹营之人暗中写给袁绍的书信。有人要追查这种通敌行为，曹操说，当袁绍强盛之时，我自己都不能自保，何况众人，下令把这些通敌证据一把火烧掉，由此安定了人心，也得到更多的人拥护。

曹操这种做法到底是什么用意？这涉及他是否看过那些书信。如果说，他压根儿没看过那些书信，而是根据情势判断写书信的人不是真正背叛，所以烧掉不再过问，此后在任何情况下也不会追查，那么，这种烧信行为就是“用人不疑”的昭示。如果说，曹操悄悄看过信，但审时度势觉得不能追查，以烧信的方式卖个人情，那么，这种行为的外显是“用人不疑”，内含则是“使功不如使过”，无非是向部下表示自己的宽宏大度，而没有说出的话则是你们都有过错，我放过了你们，你们就给我好好干吧。随着时间推移，情势变了，谁也不敢保证在将来的某一天不会秋后算账。如果曹操不但看了书信，而且还暗中记录了下来，那就铁定在后来会新账老账一起算，至于何时算，就要看当事人什么时候会产生“新账”。当事人有小辫子捏在人家手里，只能乖乖听人吆喝。

曹操到底是怎样做的，很难还原出真相来。即便能弄清行为真相，也难以确定他的心理活动。对于曹操这样一个把权术运用得炉火纯青的老手，恐怕没有几个人相信他不看那些书信。所以，即便曹操真的没看过那些书信，部下也会按照曹操已经抓住了自己的小辫子来拼命赎罪。这就是传统的“使功不如使过”的真实效应。

“用人不疑”是为了降低用人成本，以情感上的信任激励当事人发挥出最大效用。所以，把事业放在首位，就需要这种信任支持。而“使功不如使过”是为了更好地控制部下，保证领导人对部下的绝对权威。在古代，尽管很多人都讲“用人不疑”，但真正要做到用人不疑难度极大，尤其是古代的官场，即便是对经过长期考察而值得信任的人员，上司也难于做到不再设防，更多的是把防范做得更为隐秘，这同现代以制度规定防范的边界，以形成“用人不疑”的合理范围有着天壤之别。反过来，即便是明君，也多相信“使功不如使过”。在现在的企业经营中，图谋发展需要“用人不疑”，强化监控则需要“使功不如使过”。如何把握二者的关系，值得认真推敲。如果嘴里说着“用人不疑”而心里想着如何抓住当事人的小辫子，最好的情况下也不过是曹操的水平，这种权谋使用得越高超，越不能形成现代用人机制，越会陷入“中世纪泥潭”不能自拔。心理学家马斯洛在研究中曾经发现，那些做到自我实现的人，往往都存在着不同程度的轻信现象，可以作为“不疑”的一个佐证。

20. 人治与法治的关系辨析：“有治人无治法”

法家以术驭法，本质是人治；儒家的教化离不开礼制，不排除法治。把人治与法治对立起来太过浅薄。

长期以来，关于儒家强调人治而反对法治的说法，一直占据着学界主流，对此，尚需仔细辨析。

主张人治反对法治的一个典型是西晋时的大臣杜预。他曾经参与《泰始律》的制定，强调法律应当简约直白。“法者，盖绳墨之断例，非穷理尽性之书也。故文约而例直，听省而禁简。例直易见，禁简难犯。”晋武帝令杜预制定考课黜陟制度，杜预则认为，治理国家靠人而不能靠法。“夫宣尽物理，神而明之，存乎其人。去人而任法，则以伤理。”人治是根本，法治会导致恶性循环。“简书愈繁，官方愈伪，法令滋章，巧饰弥多。”所以，杜预抗命不从，反对制定考课法令，而是主张各级长官充分发挥人的作用，各考下属，每年把自己的下属按照优劣排出顺序，累计六年的排名顺序，决定升降迁置（《晋书·杜预传》）。

大体上，古代学者主张法治反对人治，以法家最为典型，韩非把这种法治思想推到极端。而儒家多是主张人治的，杜预只是其中之一。从战国的荀子提出“有乱君无乱国，有治人无治法”，一直到明清之际的王夫之主张“治惟其人，不惟其法”，反映出儒家的治国思路。今之学者，往往把这种主张一概划入与法治对立的人治范畴，乃至加以批判，认为这种人治思想阻碍了社会的发展进步。

然而，人治和法治是否就像有些学者想象的那样，是一种非黑即白的排斥关系？主张法治最为激进的韩非，同时又承认术和势的作用，难道用术就不是一种人治？反过来，提出“有治人无治法”的荀子，恰恰是儒家各派分支中对制度作用最为强调的，从他对礼的重视就可看出这一点，难道隆礼就不是一种法治？由此我们可以进一步追问：把人治与法治对立起来，是不是有点简单化了？

就拿反对制定考课法令的杜预来说，他反对“去人而任法”，却并不主张“去法”。他所主张的六年累计优劣以定黜陟，依然是一种法治，不过是一种简单易行的法治而已。杜预的观点是：“今考课之品，所对不钧，诚有难易。若以难取优，以易而否，主者故当准量轻重，微加降杀，不足复曲以法尽也。”大意是，考课官员十分复杂，官员职责千差万别，衡量起来难易不等，如果简单按照制度规定，很有可能难以考核的就轻轻放过，而容易测定的就抓住不放。这就全靠主管官员用心衡量，区别情况灵活处理。要在法令之上赋予实施弹性，不可能严格执法就万事大吉。再拿提出“有治人无治法”的荀子来看，他一方面主张人治，认为君主的表率作用最重要，“君者仪也，民者影也，仪正而影正。君者盘也，民者水也，盘圆而水圆。”（《荀子·君道》）另一方面又说礼制是国家根本，“礼者，治辨之极也，强国之本也，威行之道也，功名之总也。王公由之，所以得天下也，不由，所以陨社稷也。”（《荀子·议兵》）显然，人治与法治在荀子那里是缺一不可的。

关于人治与法治的关系，北宋苏轼所论最为透彻。他在《应制举上两制书》中，先强调事、人、法、时的优先顺序，说：“治事不若治人，治人不若治法，治法不若治时。时者，国之所以存亡，天下之所最重也。”但他又强调，“夫时者，岂其所自为邪？王公大人实为之。轼将论其时之病，而以为其权在诸公。诸公之所好，天下莫不好。诸公之所恶，天下莫不恶。”显然，事要人做，人要有法制准绳，而法制要顺应时势，时势的掌握在王公大臣。由人到法，再由法到人，并不是简单的人法对立。苏轼认为，北宋的问题在于守法过度，“天下莫不趋于法，不敢用其私意，而惟法之知。故虽贤者所为，要以如法而止，不敢于法律之外，有所措意。”然而，这种守法过度表面上有利于国家，实质上却扭曲了法制的作用。所以，苏轼的结论是：“夫人胜法，则法为虚器。法胜人，则人为备位。

人与法并行而不相胜，则天下安。”

任何法律制度，都要靠人来制定和运行，把人治与法治对立起来，有可能出现两个弊端。那种完全依赖人治而反对法治的做法，会使法律制度变成虚置的摆设；然而认为只要奉法守令就可以安然无事的思路，会产生对人的主体性和能动性的否定。由此，苏轼批评宋朝，并以汉唐作为比照说：“今自一命以上至于宰相，皆以奉法循令为称其职，拱手而任法，曰，吾岂得自由哉。法既大行，故人为备位。其成也，其败也，其治也，其乱也，天下皆曰非我也，法也。法之弊岂不亦甚矣哉?”这一辨析，值得今人深思。

在全无法制、完全由长官意志支配政务的情况下，强调法制建设具有必要性；但在有了法制框架的情况下，只讲严格守法，就有可能适得其反。更进一步，如果寄希望于用制度来解决所有问题，本质上是一种不负责任。三聚氰胺奶粉事件出现后，质检部门就有一种说法，由于奶粉国标在此前没有三聚氰胺的检测规定，所以才无法及时发现其危害，解决问题的办法是赶快修订国标。这种说法表面有理，却全然不顾国标的真正用途。任何国标，不可能把世界上的一切有害物质都列入检测范围。执行国标的部门，必须准确实现国标的立法目的，而不是死守国标条文。各种制度无不如此，寄希望于用制度改变现实，必须与人为努力、尽责尽心结合起来，而且要由人来驾驭制度。杜预认为去人而任法会“伤理”，宋明理学把“天理”置于“国法”之上，用意就在这里。儒家在治人和治法之间强调“治惟其人，不惟其法”，实际是强调由人确立制度的价值准则，制度要为实现人的价值准则服务。只有制度激发善行、善意支配制度，才会形成人治与法治之间的良性循环。厘清二者的关系，方可堵住借法治不完备推卸责任的暗道，防范制定制度和实施制度之中的恶意。

21. 褒贬的规则：娄师德的厚道与狡黠

如果鼓励忠厚却讥讽窝囊，这种管理就是精神分裂；如果只看技巧而不看德性，组织行为就会走向厚黑。

娄师德作为武则天时期的宰相并不那么出名，但他绝对是聪明人。相传他心宽体胖，行动迟缓，喜怒不形于色，却也没有恶名。他与李昭德共同上朝，“体肥行缓，昭德屡待之不至”，遭到李昭德的怒骂：“田舍夫！”而娄师德笑着回答：“师德不为田舍夫，谁当为之！”（《资治通鉴》卷二〇五长寿二年一月）他的故事很多，其中比较有名的是推荐狄仁杰和教训自己的弟弟。狄仁杰未辅政时，娄师德向武则天推荐狄仁杰可任宰相。狄仁杰上任后，却十分反感娄师德的办事拖沓和过于谨慎，将其排挤外放。武则天后来察觉到狄仁杰对娄的不满，就问狄对娄师德如何看？狄回答说，娄谨慎小心，但是否贤能、是否知人就说不清了。武则天告诉狄，你当宰相，就是娄师德推荐的。一句话，把狄仁杰说得惭愧不已，“方知不逮娄公远矣”（《旧唐书·娄师德传》）。在娄师德当宰相时，他弟弟受任代州刺史，上任前，娄担心弟弟同别人争执，就问他：如果有人唾在你脸上怎么办？其弟回答：我不计较，自己擦拭了事。娄说：我担心的就是这个，有人唾你，说明他正在火头上，你擦拭不正是抖他的火吗？千万别擦，唾沫自然会干的。由此，留下了“唾面自干”这个成语（《资治通鉴》长寿二年一月）。

武则天在称帝过程中杀戮过多，为了表现自己的好生之德，多次诏令禁止杀生。娄师德在御史大夫任上曾出使陕州，其时正值严令禁屠，导致官方公务接待备办菜肴成了难题。不料，陕州的厨师上了羊肉。娄师德一看，这么明目张胆违反禁令的事也敢做，便厉声责问：“敕禁屠杀，何为有此?”厨师赶快回答说：“豺咬杀羊。”杀生违规，但豺狼咬死了羊，这个肉还是吃得的。于是，娄师德开始放心享用，一边吃一边说：好懂事的豺啊。过了一会儿，又上来了鱼脍。杀鱼也是杀生，同样违反禁令。娄师德再问：“何为有此?”厨师又回答说：“豺咬杀鱼。”娄师德一听就发脾气了：“智短汉，何不道是獭?”厨师赶快改口说：是獭，确实是水獭咬死了鱼（《太平广记》卷四九三《娄师德》）。这次违规接待，以喜剧方式收场。

从荐举狄相到“唾面自干”，再到“解事豺獭”，牵涉到一个基本问题：管理者的智力用在何处？对官员的褒贬应当考虑什么？

娄师德的作为，人称忠厚长者。但是，忠厚和窝囊，往往是同一行为的不同表达。他推荐狄仁杰担任宰相一事，恐怕没有人会批评指责。尤其是推荐了狄仁杰却不张扬，作为前辈与狄仁杰共事也绝不居功，被狄仁杰排挤出局也不发怨言，这几乎是常人难以企及的美德。但是，唾面自干的行为则可能赞扬的人不多，尤其是年轻气盛者更会觉得不屑，不会认为是美德。如果仔细想一想，就不难发现荐举狄相和唾面自干，实际上是同一个行为准则，不过是一个积极一个消极而已。前者抑功，后者抑怒。如果觉得唾面自干太过窝囊，那么被自己推荐的宰相赶走自己就不窝囊？如果受不了唾面的屈辱，那么同样应该责骂狄仁杰的忘恩负义。荐相和训弟两件事孰先孰后史无明载，然而内在逻辑一致。可以说，正是能够唾面自干，才可养育出推荐狄相的大度；反过来，正是不以狄相受惠而自居其功，才可养育出唾面自干的涵养。二者互为因果，肯定前者就须接受后者，贬低后者就须抨击前者。如果在管理中倡导推荐狄相的行为，而反对唾面自干的行为，其效果是互为抵消的。

有些人可以接受唾面自干的行为准则，但不是把它作为人品准则，而是作为生存的技术手段，类似的现象，还有对韩信受胯下之辱的赞扬等。对这种屈辱予以品德上的否定却给予技巧上的赞扬，会在无意识层面掏空道德的根基。唾面自干变成了“术”而不是“道”，就无以养成推荐了狄仁杰还不炫耀、不求报的自觉。而一旦没有这种自觉，还要倡导推荐狄仁杰的行为，就会使推荐发生质变：不是推荐会变成对自己得失的功利计算，就是推荐会变成赢得外界赞誉的假面。所谓“精致的利己主义者”，即通过这种途径所炼成。传统儒家的不足，是把智力道德化；当今经济学泛滥带来的副作用之一，则是把道德智力化。而道德智力化的后果，是仁者所乐之山变成智者所乐之水，行为的稳定性会大大削弱，甚至会以避邪剑法替代易筋经。管理者应当掂出其中的分量。

那么，管理是不是需要道德至上而不考虑智力？娄师德还有另一方面，这就是他对厨师“智短汉”的责骂。显然，娄师德对武则天禁屠在价值观上不以为然，然而作为高管在行为规则上又必须遵守。所以，当他听到厨师解释是豺咬死羊的时候，他对厨师是欣赏的。因为根据这一解释，既可享受羊肉的美味，又不担心违规的问责，于是由衷赞扬“大解事豺”。尽管他可能猜出厨师不过是搪塞禁令，但他并不追究豺的真实性。即便监察部门查出厨师是谎言，他也不用直接承担违规责任。而当厨师说豺咬死鱼的时候，他就对厨师的智力不足有意见了，诱导厨师把豺换成獭。可见，如果人们不考虑道德约束，智力的使用就是无边界的。

对管理者而言，最基本的管理手段之一是奖惩褒贬。以娄师德的例子来看，奖惩的是品德还是才能，有着极大区别。褒扬举荐狄仁杰而不居功的行为是有德，同时也就等于承认唾面自干的行为是有德；而奖励唾面自干的行为是才能突出，同时也就等于倡导举荐狄仁杰时的利害计算。把道德行为当作智力鼓励，也就等于道德可以谋利。在娄师德吃肉的问题上，则不适宜使用奖惩手段，反而需要适度肯定他遵守规则的意识。因为娄师德并不接受禁止杀生的价值取向，如果惩罚了他，不是鼓励他从积极角度寻找更加没有破绽的吃肉理由，就是引发他以别的方式消解禁屠对他造成的损失。当然，更不能表彰他以獭换豺的急智，那等于直接否定了禁屠的价值。没有对政策的价值认同，无论是奖是惩，都会引发智力的滥用。

在克林顿的拉链门事件中，很多人偏重于关注其私情，而真正对克林顿的弹劾动议，却是他说假话造成的违法。美国屡屡出现的白人警察枪杀黑人，往往引发抗议浪潮，而陪审团往往判决无罪，加剧了社会的不满。如果仅仅从利害或成本角度考虑，不理睬陪审团的决定，直接处罚白人警察，能够以最低成本和最快速度平息事端，然而由此带来的代价可能是法治的崩溃和正义的扭曲。古今中外虽然差异极大，但管理之道具有共同性。

第五章 “二代”问题的历史透视

22. 如何交班：太子制度的理想与现实

太子制度是最能考验老皇帝的一道坎，理想是英明神武，现实却差强人意。

不论是公司还是王朝，能否传承久远向来是创始人最关心的问题之一。中国古代与欧洲相比，一个明显的不同是王朝更迭的差别极大。在官方，春秋时代就有了“君子之泽，五世而斩”的说法；在民间，不知起于何时的“富不过三代”民谚流传极广。从“旧时王谢堂前燕，飞进寻常百姓家”的诗句，到“眼见他起朱楼，眼见他宴宾客，眼见他楼塌了”的唱词，无不充满了对世事无常、兴衰更替的感叹。回顾历史上的“二代”问题，也许能够使我们得到一些启发。

在讨论二代问题之前，先要弄清两种二代的区别。第一种是血缘造就的二代，第二种是竞争产生的二代。说通俗一点，君主二代是前者，宰相二代是后者。对这两种二代的区别，王国维在《殷周制度论》中已经有深刻的揭示。有些领域必须排除竞争，否则就会动乱不已甚至血流成河，所以只好天定；有些领域则适宜恰当的竞争，否则就会能力低下乃至尸位素餐，所以就要选贤。简单说，王国维论证了二代问题上的“天人之分”：嫡长子继承制属于天定，天定就可以排除竞争；而治理国家需要才干，才干则要靠人为的选贤任能；二者的区别相当于当今所说的所有者和经理人。就以大名鼎鼎的姜太公来说，在齐国是所有者，所以是以排除竞争的分封方式确立继承人的；但在周天子身边是辅政者，所以是以选贤方式拔擢替代者的。古代经理人的二代问题，也是值得研究的问题，但主要取决于如何选拔，更多地受制于董事会，暂且不论。本文涉及的二代，限定在皇帝二代上。况且古代并无严格的两权分离，皇帝往往是兼董事长与总经理于一身的总裁，因而不算离题。

二代传承还需要确定代际基准。一般来说，开国皇帝作为一代没有任何问题。但是，在多代传承之间，有些中间的传承人，其典型意义不亚于开国皇帝的父子传承，凡是史书标榜有“中兴”或者“再造”之功的，即属此类。为了讨论方便，本文以开国皇帝的父子传承为主，仅仅在需要对照论述时加以适当扩展。唯有大规模变革往往在王朝中后期进行，所以二代的变革考察不以开国皇帝的传承为限。

二代的表现如何，在很大程度上取决于一代如何交班。对此，历史上的皇帝没有不重视的。秦始皇扫平六国，统一天下，满怀信心要将江山传至二世三世至于万世，却没有想到自己死后赵高与李斯合谋立了胡亥，最终秦朝二世而亡。汉得天下，视秦朝的短命原因在于没有提前预立太子，并以此为教训健全了太子制度。此后，历朝历代，都视太子制度为国家根本，一直到清朝才有所变化。

从汉到明，预立太子并不完全取决于皇帝意愿，为了避免因为皇帝好恶引发继承动荡，即便是皇帝，也要基本遵照“立子以贵不以长，立嫡以长不以贤”的规则。然而，这种规则优先的做法，难免使皇帝有时对所立的太子不大满意，而且在事实上也有可能让晋惠帝那样的白痴接班。所以，总有皇帝想挑战这一规则。从汉高祖刘邦打算以赵王如意替换刘盈起，历朝在太子废立上都充满了可以拍出悬疑片的惊险情节，一直发展到明朝万历年间的“争国本”，坚守规则信念的大臣们，以性命相争，同时也以万历皇帝心灰意冷不理朝政为代价，保证了立太子的规则不被打破。不过，这种依靠血统和生母身份、出生先后的排序方式所确定的太子，不少缺乏胜任总裁的能力，有的还有重大缺陷。像南宋孝宗立的光宗就有神经病。到了明朝，多数太子即位后都乏善可陈，有的喜欢当将军，有的喜欢做生意，还有爱好木工手艺乃至迷恋炼丹修仙的，唯独缺少合格的国家元首。到了清朝，太子的废立成为折磨康熙皇帝的头痛事，雍正顺势把预立太子制改为密建皇储制，使这一问题有所改善。

任何一个皇帝，都希望二代能够把自己的事业发扬光大。所以，在太子的养育上无不极其重视。从汉代到明代，精选师傅，规范礼仪，指定读本，设置机构，安排陪读陪练，从上课到举止，从知识到行为，对太子加以无微不至的关怀，力求塑造出理想的接班人，有时还会让太子监国，以增长其实际经验，磨炼其理政才干。平心而论，这种教育和培养能够收到一定的积极效果，然而，由于太子的特殊地位，特别是为了防范形成两个权力中心（例如，以宋太宗之智商，竟然在得知官民称颂太子时也感到不自在，向宰相寇准发出“四海心归太子，欲置我于何地”的感叹，可见一斑），从汉到明，培养太子的制度越来越完善，实际效果却越来越差劲。历代儒臣在赞扬太子“天生睿智”之时，下意识层面却表达出了优秀接班人并非人为培养的而是自然形成的逻辑。

为了弥补太子制度的不足，历代又形成了相应的一些辅佐方法，例如太后听政，先帝临终前指定顾命大臣等等。但是，所有这些措施，都处于两难之中：不是架空了皇帝，就是催生出母子冲突或者君臣冲突。当皇帝无力行使权力时，这些措施确有必要；而皇帝胜任时，这些措施不仅多余甚至有害。

最关键的问题还在于：老皇帝总希望小皇帝能够把自己的事业发扬光大，所以，他总是希望太子能够像自己。皇帝与太子的种种矛盾，通常都与“肖”与“不肖”有关，废立之意往往由此而起。这种氛围，不是打磨掉太子的棱角，就是养育出作秀的演技，还有可能因压抑而滋生出暗藏的叛逆心理。

上述因素的综合作用，使古代的帝位继承充满了不确定的风险。即便是相当有魄力的皇帝，在继承人问题上如果接二连三受挫，他的锐气也会消磨殆尽，最后的结果，往往是不求接替者出类拔萃，只求最高权力能够平稳过渡，不出现政局动荡就是最大的成功。而这种平稳交接，又可增加沿着既定方向走下去的概率。久而久之，试图培养圣贤的方略，到最后不过是力求接班人能达到看得过眼的智能；教育太子的举措，到最后不过是希望他能掌握基本的常识；指向明君的训练，到最后不过是祝愿他不至于过分昏庸。由此推论，各种制度，从制定初衷到实际推行，往往差距极大。

23. 如何量力：二代上手后的制约与突破

二代上手后，除了老一代的掣肘和原有制度的约束外，最关键的事项是能不能形成自己的班底。

皇帝二代在接班之后，能否按照自己的意志行使权力，会遇到多种制约。那种认为只要大权在握就能号令天下的想法，不过是“图样图森破”（Too young too simple）而已。所谓量力而行，首先是判断制约自己的各种力道，其次才是掂量自己的实力。

二代即位后，有可能还有太上皇。历史上的太上皇不多，有的也确实不管事，但遇上真正管事的太上皇，皇帝只有韬光养晦一条路。人们都知道嘉庆的头上曾经有乾隆，但那不过是几年光景。南宋的二代孝宗，就没有后来嘉庆的运气了。宋高宗退位后，当太上皇长达 25 年（孝宗当皇帝不过 27 年）。孝宗平反岳飞冤案，重用老将张浚，显然要一反高宗的对外方略，举起抗金大旗。对孝宗的内政举措，高宗尚可容忍，但对孝宗的抗金战略，高宗坚决反对，孝宗力不能逮，最后只好走上和议老路。

即便没有太上皇，还可能有太后掣肘。西汉惠帝执政，本来是想有所作为的，但看到戚夫人和赵王如意遇害的惨状，吓得魂飞魄丧，做出这等事体的不是别人正是自己的母亲，他又能怎么样？于是惠帝干脆以酒色自戕，政务全交给吕后，导致司马迁写《史记》时汉惠帝无本纪却有吕太后本纪。即便太后专政达不到吕后的程度，皇帝也会受到极大限制。看看史书记载的宋朝仁宗时期的刘太后听政，再看看清朝慈禧与光绪之间的冲突，就可以知道来自太后的制约有多么强悍。哪怕是不临朝的太后，也对政务具有一定的影响力。汉文帝时的薄太后，汉武帝时的窦太后，哪一位不是政务上的大拿？皇帝要实现自己的意图，必须有一个较为长期的积聚力量、搭建班子、从政策吹风到局部试探的过程。

既没有太上皇又没有太后干政，皇帝能否为所欲为还有很多变量，其中一个变量就是祖制和礼制。祖制和礼制的长处，是能增强政局的稳定性和正当性，如果最高权力没有这种约束，政策摇摆的幅度就有可能过大。但它的短处也显而易见，即极大增加创新的阻力。更重要的问题在于，涉及祖制和礼制，处理不当还会产生高管层的摩擦甚至分裂。最典型的例子如明朝的“大礼议”。正德皇帝无嗣，嘉靖皇帝以安陆兴献王的身份承继大统，他试图尊崇自己的生父为皇考，遭到了以杨廷和为首的执政大臣反对，嘉靖皇帝坚持自己的意见，与大批朝臣形成水火不容之势，同时也激发了张璁等部分投机者逢迎皇帝以求重用的心理。这一礼制之争，是嘉靖四十年不上朝的导火线，也是明朝政坛风气变坏、党争兴起的源头。

对二代的最直接制约，来自先帝的人事班子。汉文帝之所以能够成为千古名帝，恰恰是因为他入朝主政时没有自己的班子。文帝本来是代地藩王，是周勃他们一帮开国元勋收拾了吕氏之后请来长安的。文帝被立的一个真实原因，是他在朝中没有实力，因而对元老重臣不会构成威胁。此后多年，文帝一直战战兢兢，真正“如履薄冰，如临深渊”，好不容易看中了一个贾谊想提拔起来，又遭到周勃等人的反对而不得不贬斥外放。这种制约，却正好符合传统文化对明君的克制要求，成就了文帝的无为而治。

就人事班子而言，一代皇帝往往也会考虑到继承人的操作问题。唐太宗对李勣的安排就堪称一例：唐太宗曾经有意识地选择李勣为托孤之臣，当李治名义上担任并州大都督时，李勣出任并州都督府长史；当李治被立为太子时，李勣出任太子詹事。但在交班之前，唐太宗却采取了一个常人想不到的方式，把李勣贬到外地。他临终前对李治说：“李世勣才智有馀，然汝与之无恩，恐不能怀服。我今黜之，若其即行，俟我死，汝于后用为仆射，亲任之；若徘徊顾望，当杀之耳。”（《资治通鉴》卷一九九贞观二十三年四月）相比之下，明朝朱元璋的方式就要残酷一些。他也知道自己的太子（还有皇太孙）难以驾驭那些打天下的元老重臣，于是以屡兴大狱的方式，通过胡惟庸案、蓝玉案等诏狱屠戮功臣，但朱元璋却没想到，正是他铲除了功臣，导致靖难之役中建文帝缺乏得力的将帅，给朱棣提供了绝佳的机遇。二代皇帝必须清楚，不是靠自己的努力而是靠父辈的余荫，是无法成就自我的。即便是李治，不过是成就了武则天而已。老皇帝的安排越周到，小皇帝的自身作用越难发挥。凡是二代成就突出的，上一代的政治遗产大多不丰厚。

由此可见，二代一旦接班，所面临的首要问题，是如何判断制约自己的因素。大量的制约因素，只能顺应，难以突破。在条件不具备的情况下强力改制，十有八九效果不佳。一般来说，太上皇和太后的制约最难打破，这里面涉及的不仅是政治，而且还有伦理。在制度规范的突破上，如果过多倾向于皇帝个性的发展，就可能与政务形成尖锐冲突。明朝成祖以后的皇帝，这一冲突的表现最为明显，其结果就是皇帝按照自己的个性我行我素，大臣按照礼制规范与皇帝对立，造成国家的撕裂，同时给品行不端的奸佞之徒可乘之机。就国家的稳定和事业的发展而言，人事班子是突破的基础，考虑到皇权对人事的决定作用，如何形成自己的团队，是有志于青史留名的二代最为关键的因素。而在团队组建和培育中，“近君子、远小人”是成就事业的基本准则。在中国古代，皇帝量力而行，所要衡量的最重要的不是自身才智，而是用人的权威性。只有能形成自己的班底，才有可能建功立业。

24. 如何用权：二代的守成与变革

守成也好，变革也好，能否成功的关键不在个人意愿和决心，而在能否形成稳定的运作系统，信息负反馈机制对于系统的稳定性具有特殊意义。

由于有上述限制，所以，历史上的二代皇帝，除非有特殊机遇，很少有上台伊始就大刀阔斧变革祖制者，要想在政策方略上更弦易张，需要在人事、国力诸方面形成相应的前提条件。尽管二代的行为千差万别，但就其趋势来看，无非是两个方向；一是守成，二是变革。

守成的二代皇帝，有成有败。败得最惨的是秦二世和晋惠帝。秦二世因为其皇位来得不正，所用亲信不正，自己也不能以正派方式对待大臣。尽管他也想守住秦始皇开创的家业，但他立足于阴损的基石，完全依靠赵高，以顺我者昌、逆我者亡的方式，没用多久就完成了朝臣的逆淘汰，自己把自己推入深渊。晋惠帝接手的天下本身就存在极大隐患，晋武帝片面吸取曹魏限制宗室而外臣得势的教训，大封皇族，晋惠帝却不是一个能够掌握舵把子的主儿，皇后贾南风又不是一个能与吕后并论的主儿，根本驾驭不了宗室诸王，最终毁了西晋的天下。

守成最成功的，当属东汉明帝。他“尊奉建武制度，无敢违者”，“内外无幸曲之私，在上无矜大之色”，东汉之所以能够长久，光武帝的开国固然功不可没，但明帝和章帝的铺垫也是关键。有些守成者，例如汉惠帝，就其个人来说命运不好，但国家的命运却走上了萧规曹随的正道。至于刘禅之类守成而无成的帝王，除了个人智能因素外，往往同所处的大环境有关。像十六国和五代时期的二代君主，“时势造英雄”的情境显然要大于“英雄造时势”的作用，所以二代多被时代湮没。

变革的二代皇帝，也有成有败。败得最惨的是隋炀帝。他的情况与秦二世如出一辙，所不同的是炀帝能力极强，天资聪颖，在统一天下的过程中赢得了声望，平定南陈时得到朝野称赞。然而炀帝太过好大喜功，开运河，通西域，再建东都，出兵辽东，事业过大，项目过多，远远超出了当时天下所能负担的程度，民力物力都不足以支撑，最终葬送了隋朝基业。

变革最成功的，当属唐朝太宗和清朝康熙，他们的前任都没有完成立国大业，二人几乎都有二次创业性质，相当于开国皇帝。他们的事业政绩已经为人们所熟知，在此不赘。需要说明的是唐太宗与隋炀帝能够形成鲜明对照，论两人的智力能力，隋炀帝不在唐太宗之下；取得帝位的方式，两人可说是如出一辙；两人面临的外界情境，基本上大同小异；然而，一成一败，其名声有天壤之别。究其原因，隋代文帝多有创制，已经形成可观的建树，就像公司经过快速扩张后需要二代继承人稳住阵脚类似，而炀帝还嫌文帝的摊子铺得不大，发展不快，弯道超车，当然翻车的概率极大。唐代高祖并未形成自己的辉煌业绩，仅仅是搭起公司的框架，从产品到市场都还没有稳定下来，所以太宗的求治张力恰到好处。从一代到二代，一张一弛，继承人在量力用权时，首先需要判断前任的张力如何，是刚刚开弓还是已经满弦，进而确定自己的基调是张是弛。

二代用权，有权力来源因素，也有外在情境因素，但最重要的是权力运行机制的制约。凡是失败很惨的二代，人们往往批评其不自量力，但多忽视了造成不自量力的机制。从历史来看，二代用权能否把握恰当，一个很重要的因素是负反馈。唐太宗的成就，建立在他善于纳谏的基础上，已经为人们所熟知，也为历史所称道。即便是以武力逆取侄儿政权的明成祖，所建立的东厂名声极为恶劣，但却有效保证了他能够得到正规渠道无法获得的官场信息。暂且不论对东厂的价值判断，单纯从统治技术来看，皇帝能否解除官僚系统对自己的信息屏蔽，能够有多样化的信息来源，尤其是能够听到负面信息，是对权力运用形成校正的有效方式。从系统论角度看，任何一个系统，负反馈是保证系统稳定的基础。只有正反馈而没有负反馈，再精密的系统也会在运行中崩溃。一般来说，一代皇帝在打天下的过程中，信息屏蔽不会过于严重。而二代接班之时，正规化也就意味着信息筛选和屏蔽的普遍化，缺乏负反馈的现象会日益严重。无论是守成还是变革，有较为完善的负反馈，则成功的概率较大，反之，则会陷入“盲人骑瞎马”的境地，几乎肯定会失败。二代之蠢，往往不是由智力因素而是由信息因素决定的。

25. 戒急用忍：二代变革得失谈

二代的变革要成功，必然涉及利益重配、让步妥协、奋力推进、及时调整等内容，但最重要的莫过于把握变革之度，形成小目标的有效积累。

二代的守成和变革不能截然分开，守成中可能含有变革因素，变革中也有相应的守成考量。然而，守成和变革毕竟不同，这两个方向的用力，需要有不同策略。单纯就变革而言，最要紧的是戒急用忍。

一般来说，开国君主传到二代，王朝的生命周期还处于上升阶段，变革的要求多不迫切。所以，真正的大规模变革，往往是王朝中后期展开的。汉武帝改变文景时期的无为而治，宋神宗用王安石全面变法，就是两个例子。从对王朝的影响而言，汉武帝是成功的，而宋神宗却失败了。两相对照，可以看出一些东西。

首先，这种大规模变革，需要有“产品”推出。汉武帝推出的产品，是独尊儒术旗帜下的有为政治；宋神宗推出的产品，是以富国强兵为目的的熙丰新政。相比较之下，汉武帝显然手中掌握了丰富的资源，他有文景积累了几十年的财富为后盾，而且经过自己的多年准备，已经有了较为一致的执政班底。宋神宗则不一样，他面临的是重新调配社会财富问题，而以国家为中心的政策设计无法使利益相关者普遍获益，在变革之初并未形成朝野的全面支持。

其次，汉武帝在成长过程中，曾经不断试探。窦太后崇尚黄老，汉武帝不得不牺牲推崇儒术的赵绾和王臧，一直到窦太后去世后才可以放手“更化”。为了使自己的主张通行无阻，汉武帝重用平民出身的公孙弘，把丞相由决策者变成执行者，在自己身边以“中朝”方式建立了决策中枢，通过人事的不断调整使整个朝廷都听命于己，这些都为推行变革奠定了坚实基础。宋神宗则一上台就急于变革，尽管他也成立了“制置三司条例司”，但那不过是一个类似于政策研究室或者体改所的机构，在朝廷重臣多数反对的情况下就拉开了改革帷幕，始终依赖的班底不过是王安石以及少量新进官员。

再次，汉武帝所用的董仲舒思想，以“公羊春秋学”构建自己的正当性和合法性依据，对天命的推崇和对儒学的强调使其变革具有理论支持，在独尊儒术后并不禁绝其他学问，在人事班子调整和中朝体制建立后并不禁绝不同意见，所以其变革过程中信息负反馈一直存在。而宋神宗的变革尽管以《周礼》为依据，以“三代之治”为理想，但王安石的“荆公新学”并未成为统治地位的指导思想，而且为了变法压制不同意见采用打压手段，当“天变不足畏，祖宗不足法，人言不足恤”支配改革时，实际上已经把自己放在对抗天命、对抗祖制、对抗舆论的位置上，其失败在所难免。

另外，当变革出现问题后，汉武帝和宋神宗二人的不同应对，给他们的二代留下了不同遗产。汉武帝晚年有轮台悔过之诏，使昭宣二帝能够顺理成章地改变政策。而宋神宗则抱住新法不放，在王安石罢相后仍然坚持变法，史称“帝终不觉悟”。由此而导致哲宗即位后高太后主持的“元祐更化”反弹过度，引发翻烧饼式的党争，北宋王朝由此而万劫不复。

对二代问题的历史进行探究，可以给我们提供间接的经验参照。历史不可能重演，却能够给今人启迪。古代的王朝与今天的公司最大的不同，是古代的王朝靠民心向背来检验，而今天的公司则靠市场涨落来生存。所以，古代的帝王之道并不能照搬到今天，但其中的逻辑却依然有效。

附记：与帝王相比，平民的二代似乎更难做到“基业长青”。北宋诗人兼藏书家陈亚的后代败家之速，可以作为一个范例。“陈少卿亚，蓄书数千卷，名画数十轴，平生之所宝者。晚年退居，有华亭双鹤泪、怪石一株尤奇峭；与异花数十本，列植于所居。为诗戒子孙云：‘满室图书杂典坟，华亭仙客岱云根。他年若不和花卖，便是吾家好子孙。’亚死未几，皆散落民间矣。”（《宋稗类钞·志尚》之三八）

第六章　历史上的团队合作

26. 对团队本质的追问

可共患难却不可同富贵，这是古代团队的通病。团队能否成功，要害是信任与设防之间的微妙平衡。

管理少不了团队。纵观历史，无论是帝王将相还是江湖草寇，都需要以团队的力量闯荡天下，取得业绩。没有团队的力量凝聚，再有本事的个人也不过是恒河之沙。如果刘邦没有团队辅佐，恐怕早就变成了项羽的刀下之鬼，何来大汉王朝？即便是小说虚构，也需要团队为领袖人物站台，假如《水浒》中的宋江麾下没有一百零八将，那他只能当一辈子押司。回顾历史上的团队，不是发思古之幽情，而是要在现实中更好地辨析团队的历史基因。

当今谈管理，都要说到团队。但什么是团队，却不见得人人明白。教科书在解释团队时，往往说得不明不白。包括一些很有名的管理学大腕，对团队的解释总缺少点什么。一般来说，教科书往往指出团队与群体的不同，但却忽视团队与组织的差异，未能超出巴纳德关于“组织就是协作体系”的定义。我们不禁要问：实践中的组织是否都能形成团队？是不是形成协作系统就等于团队？尤其是运行良好的组织是否必然等于团队？这种追问不是吹毛求疵。蜂群、蚁群作为协作系统的有效和有序程度，是许多管理者都羡慕的，难道它们也是团队？即便考虑到蜜蜂、蚂蚁这些生物的特殊性（即个体生命实际是群体生命的部件），把它们排除在外，那么，在狩猎中配合良好的狼群、鬣狗是不是就是团队的典范？（许多培训大师特别喜欢用蜜蜂、蚂蚁和狼群比喻团队，这种比喻具有致命缺陷。因为蜜蜂和蚂蚁的个体生命是不完整的，一个蜂群本质是一个生物；狼群个体生命是完整的，然而其狩猎的配合按照现有生物学的解释是出自本能。）

真正要探究团队，需要先界定两个边界条件；一是把组织撇开，二是把本能撇开。固然，团队行为与组织、与本能都有千丝万缕的联系，但是，团队不全是组织协作，更不全是本能引发的生存配合。如果团队等于组织，那就很有可能把某些组织措施当作团队建设措施；如果下意识的本能可以形成团队，那就不需要对团队建设做出任何有意识的努力。可惜的是，有些管理学著述，往往在组织建设与团队建设、本能凝聚与团队凝聚之间混淆不清。例如，形成明确的分工和职责体系，这明明是组织措施，充其量只是团队建设的平台和约束条件，却被有些领导人当作团队建设来操作。在应激状态下的本能反应（如灾难降临的求生本能和救助本能），并不具备常态功效，刺激源消失其反应随即消失，却被有些领导人看作团队建设的路径。这些偏差，会妨碍对团队的理解。

在此基础上探究，人们可以看出，所谓团队，不是良好的分工协作（尽管团队也有分工协作），不是目标一致的共同努力（一个目标一致且共同努力的群体可能并无团队凝聚力），它肯定还有分工协作、共同努力之外的某些东西。如果剖析一些现实中的团队就不难发现，这些团队的运作方式、团队成员关系的紧密程度、对共同目标的认可等等，会有很大差别，但有一点是共同的，就是必须形成团队成员之间的互信。没有互信，就没有团队。如果用最简单的组织理论来套，我们可以说，团队的形成、变化乃至解体，都出自有意识的策划和追求。这种目的性，反映出团队与非正式组织的不同。然而，团队又不同于正式组织的权责体系和协作系统，其本质是一种人际关系，而且与情感密切相关。这种非结构性，又反映出团队与正式组织的不同。所以，从社会学入手，有可能比从组织理论入手更能接近团队的真谛。

是否属于团队，不在于人们之间是否有联系和交往，而在于联系和交往之间的情感依托和互信程度。团队的核心是情感式信任（与出自理性的信任有区别）。本文提出一个判断团队有无、好坏的标准，即团队成员之间是否互不设防以及不设防的限度。经验告诉我们，真正的团队，需要在成员之间保持一定水平的情感依托和信任，“不设防”是团队活力的关键因素。如果有愿意从事量化研究的，不妨对团队成员的互相信任和设防问题进行测量和分析，恐怕可以得出一些有意思的推论。正是互信程度的变化，影响着团队的运作和走向。尤其是在中国传统中，“可以共患难却不能同富贵”等问题，反映了历史上团队的某些共性。

27. 中国式团队的历史特色

中国古代的团队以领袖人物为核心，成为领袖要有三气：江湖气以凝聚人心，神灵气以打造魅力，朋友义气以罩住弟兄。

一般来说，团队的形成，有以下几个要素不可或缺：一是充当领袖的核心人物；二是共同信念和价值认同；三是团队成员的需求实现；四是个人状况的帕累托改进。这几点，凡是从事管理研究的都熟知于心，无需多言。中国历史上的团队，在这几个要素上具有自己的特色。对这种特色进行归纳，有助于人们掌握团队的历史基因。

从团队的核心人物看，中国古代的团队，其领袖往往不是以技术能力和专门特长赢得拥戴，而是以其“雄才大略”赢得追随者。楚汉相争时期，双方的领袖人物刘邦和项羽，在军事技能、个人特长、学识修养和社会号召力等方面，项羽都要高出刘邦一筹，然而，刘邦形成了自己的团队，项羽却没有团队，仅有一范增而不能用。结果，英雄盖世的西楚霸王陷入了刘邦团队的四面楚歌。所谓雄才大略，不同于雄心壮志。刘邦和项羽，看到秦始皇，感叹“大丈夫当如是也”、“彼可取而代之”，志向雷同，而谋略差别极大。一个局部战场处处失利却能把握大势，一个所向披靡却走向穷途末路。所以，雄才大略不仅是志向的宏伟，还有在宏大目标下凝聚人心去实现战略指向的能力。即能用人，有威严，可让部下卖命。而这种行为取向，决定了中国式团队的领袖或多或少都带有“江湖气”。缺乏“江湖气”的人，难以成为团队核心。即便被潮流簇拥到领袖位置，其结局往往也是悲剧。“力拔山兮气盖世”的项羽与刘邦较量，吃亏就吃在这里。不仅出身底层的刘邦、朱元璋具有浓厚的江湖气，而且后世赞颂的李世民、赵匡胤，行为也不得不沾上江湖色彩。朱元璋屠戮功臣固然不足称道，而人们赞颂的李世民笼络秦府内外，赵匡胤杯酒释兵权，究其内涵依然是江湖底色。如果细究史料，即便是正人君子，凡是成为一时雄杰的，无不具有某种江湖倾向。东汉同宦官生死相搏的党人，晚明冲击朝政的东林，细究其行径，在大义凛然的旗帜下江湖手段比比皆是。正因为如此，中国式团队，以江湖方式聚集容易，而要过渡到非江湖方式运作特别困难。

团队成员的共同信念和价值认同，在任何时候都有不小差异。但是，肯定要有某种最低限度的认同。这种共同信念，以刘邦团队为例，表现为对建立新王朝的追求；以东林党人为例，表现为对阉宦集团的排斥；以水泊梁山为例，表现为对“替天行道”的认可。凡是对这种团队信念以及其中包含的价值指向没有丝毫认同的人，自然不会走入这个团队。所以，团队领袖在创业之初，肯定要采取两种手段：一是要树立团队信念的正当性，以此来寻求团队的道义支撑；二是要尽量扩大团队信念的外延，使团队尽可能获得社会支持。仍然以刘邦为例，在他起事不久，就以“斩白蛇”、“左股有七十二黑子”、母亲刘媪“梦与神遇”、天龙致孕等等装神弄鬼的手段，把自己打扮成“真命天子”，而同期的项羽起事，则以楚国贵族的身份和复六国之后为号召，增强自己的正当性。当然，随着团队的进展和时间的推移，这种正当性需要不断调整，但从历史角度看有一个共性，即非理性的正当性往往比理性的正当性更能吸引民众。刘邦的“神灵气”与项羽的贵族气相比，就更能唬住部下。从人员的角度看也有一个共性，即意志的力量大于知识的力量。像东汉的士大夫集团和明代的东林党人，代言正义的信念，要比拥有儒学知识和思辨能力重要得多。这两点，决定了古代的团队很难“去魅”，其威权的本质属于超人权威。所以，古代的团队，当领袖人物的超人魅力减退或者消失时，往往不是乘势进行组织转型，而是以权力乃至暴力维护领袖魅力，起码要造成魅力不减的表象。

在团队成员层面，加入团队的动力来自于对领袖的认同。组织成员是有信念的，但传统团队的信念，是一种人格化的信念而非事业化的信念，这一点是古代团队与现代团队的重大区别。例如，刘邦团队具有建立新王朝的信念，但这种信念是由刘邦个人承载的，刘邦的手下决不能染指。其他人追随刘邦，是谋求在刘邦的事业中“分红”。当刘邦退居汉中而暂时失去得天下的迹象后，他的部下就大量逃亡，包括韩信也在逃亡之列，这对团队的前景会造成直接威胁。这种逃亡，并非对新王朝的建立失去信心，只是对刘邦这个人能否建立新王朝失去信心。所以，逃亡者可以寻求新的可寄托这一信念的领袖，而不是改造原团队使其能够实现其信念。古人所说的“良禽择木而栖”，这里的“木”是领袖，而不是事业，事业寄托在领袖身上。跟人而不是跟事，这是中国团队的鲜明特色。所谓有眼光，是对人的判断而不是对事的判断，由此决定了团队的行为准则。中国传统的团队，往往强调站队，为了壮大自己的力量，招降纳叛是寻常之举，而不在乎在事业追求上是否一致。团队有大量的“同路人”，尤其是那些并不认同团队的事业，却能够从团队领袖采取的措施中获益者，在团队中会占到相当比例。所以，中国传统的团队，往往随着阶段目标的实现而进行人员的洗牌。

相比较而言，团队成员的个人利益的获取，也往往不是直接依赖于团队事业发达，而是依赖于团队的手段性利益诱惑（即领袖的恩惠）。固然，事业发达会给利益诱惑带来更多的资源，但这是领袖的事情。作为团队成员，直接追求的是领袖能够付与他的酬劳。刘邦团队的成员，所追求的是建功封侯，新王朝不是他们的，而新王朝带来的红利则可分羹；梁山团队的成员，所追求的是“大碗吃酒肉，论秤分金银”，“替天行道”会具体化为出了个人冤屈“这口鸟气”，而不是抽象化为“天下为公”；东林党人对阉党的抗争，也追求的是个人青史声名，而不是直接谋求王朝兴衰和社会安危。这些情形，都使团队的凝聚因素向具体利益靠拢（非物质利益与物质利益同等重要），而使组织使命虚化。

团队成员所追随的是领袖，而不是领袖代表的事业，作为个人，他们进入团队，目的是改善自己的个人境况，而不是成就自己的事业。如果团队成员具有自己的事业追求，势必会造成“僭越”而遭到淘汰。在缺乏事业凝聚力的情况下，那种为了自己而牺牲其他团队成员的现象会有所抬头。在传统团队中，理论上只允许为了最高领袖而牺牲成员利益，不允许成员之间产生利益内讧。但是，成员的“为己”手段会以各种方式此伏彼起，这就增加了群体的利益整合难度。所以，在团队内部，领袖人物对团队成员“分而治之”的概率也有所增加。本来，分而治之是领导用来协调整个组织的手段，在一个真正做到“同心同德”的团队内，分而治之显得多余。然而，无论团队是义合还是利合，对义和利的不同理解、不同要求总会在团队内部造成分歧。对此，中国传统是领袖人物运用变形的分而治之手段，即在团队成员之间采用某种互相牵制之术。仍然以刘邦集团为例，这个集团的成功之处，恰恰就在于刘邦在赋予集团主要人物以基本信任的同时，在这些主要人物之间靠一定程度的互相牵制保持平衡。仔细考察刘邦与张良、萧何、韩信、陈平、樊哙等西汉开国元勋之间的关系，这种牵制跃然纸上。刘邦的手段是在这些骨干亲信之间允许甚至纵容他们形成适度的对立，从而彰显出只有刘邦才能“罩住”他们的部属黏性。更有意思的是，这种部下的小冲突，通过刘邦的上层平衡，所造成的实际效果不是疏离，而恰恰是互相需要和凝聚，少了谁都不行。在这种微妙的平衡中，不但下属增加了对上层的依附，而且还增加了上司对部下的倚重。

为了维护团队，作为领袖，最直接的方法是增加团队的退出成本。“杀人如麻”不仅仅是减少外部的竞争对手，更重要的也是威慑内部的潜在叛逆行为。所以，在中国传统中，对内奸的仇恨程度向来远远超出外敌。从古到今，中国人的思维中，一直认为“心腹之患”要比“疥癣之疾”严重得多。即便是轻易不启杀机、号称开明的宋代诸君，在内心深处，对“内忧”的提防也远远超过对“外患”的担心。一般来讲，越是最高层，越认为“内忧”才是真正的致命问题。这一特色，往往使历史上的团队在内部分化过程中会产生严重的危机。

28. 从“共患难”到“同富贵”

创业靠人气，守成靠利益。好则江湖式聚集，商人式分手；坏则鸟尽弓藏，兔死狗烹。

历史上的团队，尽管形形色色，但几乎有一个共同现象，就是可以共患难而不能同富贵。随着团队目标的实现，往往要经过动荡甚至解体重组。创业与守成，在其他国家也有区别，但没有一个国家像中国古代那样，在创业与守成之间形成两极化的情境。

通常，人们更为重视创业。但在中国传统的农业社会背景下，创业实际要比守成简单，起事容易成事难。所谓创业，在古代只需要一个最关键的条件，即聚集人气。即便是古代的商贾，靠的也是人脉。其他所有因素，基本上都是为聚集人气或者建立人脉服务的。所以，凡是成功的团队，无不在用人上表现出众。所谓用人，人们熟知的是知人善任、用其所长、不拘一格、用人不疑云云，实际没有那么深奥，仅仅是用各种手段积攒人气而已。这种用人不是现代的成本收益式的人力资源管理。所以，古代不乏“养士”式的储备，并不关心这种储备是否能用得上，由储备而造成的浪费反而能得到人们的赞许。只要物质资源允许，成大事者无不以挥金如土来显示自己爱才如命。最典型的，莫过于小说中的及时雨宋公明。现实虽然没有小说那么典型，但财散人聚几乎是古代领袖人物的基本信念。而且除了散财聚人的共识，还必须辅之以情感笼络，甚至义结金兰等非物质手段。假如某一领袖严格按照成本核算来酬劳部下，几乎就是成不了大事的征兆。韩信批评项羽对有功将领迟迟不封爵行赏，恰恰是从反面说明项羽不过是“单纯军事观点”。作为一名杰出的将军，我们有理由相信项羽很可能是在任用军事指挥官时不愿意“胡来”，起码是不愿意凑合。但没有政治眼光的项羽，因此而失去了人气。这就会产生一种普遍现象，即为了政治需要可以不顾经济核算，创业时的“透支”和原始股的“期股”承诺过多，基本上是“不算账”的。而这种透支和期股，在由创业转为守成后必须兑付。兑付不公，就会使团队瓦解。

由创业到守成的转变，有一个值得重视的经验，就是需要摆脱情感的影响。在创业阶段，情感是十分重要的用人手段，然而，把这种情感带到常规经营中，部下就有理由担心领袖因情感用事而对待自己不公。哪怕是最亲近的部下，在古代“伴君如伴虎”的格局中，也会对自己的前程提心吊胆。古代的所谓“奸佞”，在一定意义上正是这种君权威胁下的人格扭曲。明清的晋商，在经商活动中形成的用人准则“用乡不用亲”，从另一个角度说明了情感与理性在古代团队中的分寸。用乡，意味着可以依赖同乡关系充分发挥情感优势；不用亲，意味着其付出和酬劳完全可以按照理性计算进行。时至今日，团队在情感与理性之间的取舍与平衡，依然是对领导人的一种考验。

古代团队最可怕的结局，就是兔死狗烹，鸟尽弓藏。这是古代君主放弃情感笼络手段而处理团队问题的另一个极端方向。尽管没有一位领袖愿意承认这一点，但稍有头脑的部属都心知肚明。在越王勾践的团队中，范蠡以此劝说文种，文种不信邪，结果被赐自尽。刘邦团队中，张良以出家避祸，韩信未能善终，萧何经受下狱“考验”，团队实际在政权稳固后就已经解体。朱元璋诛杀功臣最彻底，完全不留余地。在这方面，做得最好的是宋太祖，杯酒释兵权使开国元勋体面退出政坛，保全了他们的身家性命。然而从团队的角度看，其创业团队已经完成了历史使命。所以，团队在创业完成后，随着行为准则的转换，如何进行重组，以赵匡胤方式最为成功。这种方式的特点就是“江湖式聚集，食利式分手”。冯仑总结万通六君子的“江湖式进入，商人式退出”，可以说是杯酒释兵权的当代版本。

29. 害人之心和防人之心

为朋友两肋插刀，防朋友背后捅刀，这是团队核心人物的一体两面。

古代的团队一直有一个未能解决的难题，就是“不设防”。从逻辑上讲，只有完全不设防，才可以全神贯注于事业。一旦设防，就会分心。尤其是现代团队，成员不设防是一个重要标志。马斯洛在论证自我实现者的表现时，阿吉里斯在论证组织学习时，都对此有相应的说明。尤其是阿吉里斯指出的“习惯性防卫”问题，正是团队能否形成的一个关键。然而，纵观中国古代的团队，我们会发现，即便是评价极高的团队，都难以做到完全不设防。如果我们把不设防作为团队的理想状态，那么就需要分析以下问题：现实状态的差距何在？这种差距的产生原因是什么？古代的互信和设防之间到底是一种什么关系？

中国人都熟悉一句俗语："害人之心不可有，防人之心不可无。"对于古代的团队领袖来说，这句话的前半句无足轻重，后半句至关重要。当然，如果没有前半句铺垫，那就变成了另一种形象。小说中曹操"宁可我负天下人，不可天下人负我"，就是颠覆前半句并扩展后半句形成的。然而，如果谁要严格遵循形式逻辑推论，既然没有害人之心，人人都不害人，就不再需要防人之心，那恐怕人们都会嘲笑他是天下头号傻瓜。所以，这句俗语在实践中是凡人都遵循的。而遵循这一俗语，就意味着在你的头脑中对人的基本假设是：自己是好人，别人都是坏人。

实际上，这一俗语有着广泛的经验支持，它来自于人们对群体关系的实践认知。古代的团队，从聚集人气的角度讲，肯定是从鱼龙混杂的群体中逐渐筛选形成的。面对这样的群体，防范其中的某一成员侵犯另一成员乃至侵犯整体权益的行为是必需的。群体经过不断招兵买马甚至招降纳叛，同时又不断淘汰出局，直到最后形成相对稳定的团队，团队领导人在这一过程中如果不保持高度警惕就是失职。

经过大浪淘沙的过程，团队的核心骨干已经明确，这时是否还需要保持防人之心，就值得斟酌了。如前所言，古代的团队，其信任和认同不是直接针对所从事的事业，而是所追随的领袖，因此，只有人心的凝聚而没有事业的凝聚，在利益诉求、个人目标方面，难免会有或大或小的差异。有意或者无心"害人"的情况发生频率不会很低。所以，继续设防仍然是必要的。然而，这时的设防，领袖人物必须把握好尺度，不能因为设防而“冷了弟兄们的心”。水泊梁山以义相聚，然而在招安问题上发生分歧，梁山人气的低落，就是从宋江对不赞成招安的兄弟们防备过于明显开始的。真正考验团队领袖的难点，就是既要防范成员，又要信任成员，在防范与信任之间恰到好处，而且自然而然，做得不露痕迹。中国人赞扬领导水平，往往侧重于这一表现，而对专业能力等等则忽略不计。

这种设防与信任之间的微妙平衡，催生出了曹操之类的领导人，如果说，三国时期蜀汉和孙吴（尤其是刘备）没有能够把情感因素排除在战略之外而导致了重大失误，那么，曹操就把设防与信任的关系发展为“暗防明不防”的权谋手段。曹操对他的手下，哪怕是久经考验忠心耿耿的手下无不在暗中设防，然而在明面上却要表现出充分信任，并不断辅之以“卖萌”式的信任表演。例如，在打下袁绍之后，缴获了大量曹军部将与袁绍暗通款曲的信件，在众人惶惶不安时，他将这些信件付之一炬，以示对众人的信任，他的部下由此而感恩戴德。需要说明的是，曹操的部下是否真的相信曹操没看过这些信，只有天知道。然而，哪怕心中认为曹操已经看过这些信，也会因曹操的举措而更加感恩，死心塌地跟定了曹操。这种手段，往往能够收到极好的效果，但是却需要运用得当。用得不好，有可能增添部下的戒心，削弱团队的凝聚力，乃至伤害到领袖的权威。凡是在团队中使用权术者，应当看到画虎不成反类犬的危险性。

今天的团队与古代相比，无论是社会条件还是成员因素，都有了很大的不同，但是，古代团队的历史遗迹，还有或多或少的显现，看不见的部分，有时也有隐性遗传，会在冠冕堂皇的现代外表下滋生出新的变种。所以，这一专题值得考究。

第七章　历史大势与组织分合

30. 家族公司的分合

西周的分封制就像家族公司，靠亲情聚合，由利益拆分。所谓“富不过三代”，不过是利益关系替代了亲情关系而已。

《三国演义》称“天下大势，分久必合，合久必分”，固然是小说家言，作为管理者，则不能满足于看热闹，有必要弄清这个“大势”是怎样形成的，怎样运行的，分与合的机制是什么。读点历史，会发现中国古代国家组织的分与合，有不少值得琢磨的东西。一方面是英雄造时势，另一方面是时势造英雄。历史上的家族传承、垄断与竞争、中央与地方关系、内外资源等因素，谱写着天下分合的交响曲。

先秦时期的分合，以从西周到东周的变化为代表。西周开创之时，周族以原来在西垂岐山的区域经验，逐渐扩展到整个关中，灭商之后猛然把自己的统治扩展到东方广大地区。这就好像一个快速成长的小公司，突然兼并了一个庞大却又老朽的巨型公司。所以，如何整合公司力量，实现大市场的有效管理，就需要费点周折。西周的办法是实行分封制，设立了大量自主经营自负盈亏的子公司，从而使自己成为庞大的集团总部。周王为天下共主，周王的兄弟子孙、亲戚故旧，以及在兼并过程中的有功部族，先后被分封到各地开设分号，远至东南的吴，北方的燕，大大小小有史可查的封国不下几百，史籍不载的可能更多。例如，20世纪70年代在陕西宝鸡茹家庄和竹园沟发掘的【弓鱼】国墓地，就是史籍不载的一个小型异姓封国遗址，依据出土青铜器上的铭文，人们才知道了这个名不见经传的小国家的来龙去脉。西周的组织架构，就是这样一种靠分封制联结起来的大型家族集团。

西周比较有名的封国，同姓的有晋、燕、吴、鲁、郑、卫等国，异姓者有齐、楚、宋、杞、陈等国。凡是同姓和功臣的诸侯，带上自己的家族，带上被统治的“殷民七族”或者“殷民九族”，在所封的地盘上展开自己的国家经营。封国与总部的关系，靠家族亲缘维持。封国多是周王的子弟，少量是对周室立有功劳的异姓，还有一些则是对历史遗存的承认和对惯例的遵循。由此，姬周分号遍天下，周王也就成为名副其实的天子。

西周的这种分封制，非常像现代的家族企业。把整个组织凝结在一起的是亲情和族属，所以其国家的组织原则也就是

“亲贵合一”。但即便是父子之亲也会有利益冲突，使这种组织产生裂变的破坏性力量就是利益分化。封国同王室之间，少不了互相支持和协助，尤其是出征打仗，这种部族协同对外会产生巨大的威慑力量。然而，亲情之间的不计得失，不算成本，对于家族企业来说是极为可怕的腐蚀剂。占便宜的事情都好说，而吃亏的事情即便是一家人也难免不情愿。任何家族企业在经营中，都会遇到这种亲情与利益冲突的困扰。从逻辑上讲，只有在各个封国都有利可图，联合起来会有“帕累托改进”时，这种亲情关系才是可靠有效的。在西周早期，不同封国之间多数没有接壤，或者虽然接壤却在诸侯之间存在着游刃有余的回旋空间，封国之间能够优势互补，所以能够相安无事。随着各封国的版图扩展，尤其是土地和民众的争夺，封国开始有了矛盾，而且还会不断扩大冲突。于是，随着总部与封国关系的不断淡化，封国与封国之间的争夺也日益激烈。到了东周，总部只剩了个空架子，封国谁有实力谁就能号令诸侯，所谓“尊王攘夷”，“尊王”是合法性的招牌，“攘夷”是号令他国的威权，大家族公司的解体就势在必行。对这种家族公司发展命运的评价，绝不能站在“事后诸葛亮”的角度妄加指责，抨击周初的制度框架。对于起步阶段来说，周初的分封安排是极为明智的。后来的变化，既不能由周初的武王周公诸君负责，也不能说是成王以后的统治失误，而是家族组织的自然演化结果。在古代的条件下，凡是家族企业，最终都逃不脱分门立户的命运，只不过是早与迟而已。也就是说，从组织进化的角度看，利益关系迟早会胜过亲情关系。从周王的天下共主到战国的七雄并立，走完了这一进程。正因为如此，所以春秋战国的先贤才有“君子之泽，五世而斩”的感慨，再向后，民间干脆形成了“富不过三代”的趋势判断。不妨大胆一点可以说，即便在今天，再好的家族企业，也会在三五代之后而生机渐失，走上分家道路。能够传承三五代以上并且生机勃勃的家族企业，肯定只剩下家族躯壳而其性质已经转变为社会公共企业。

31. 国家垄断公司的分合

汉唐大一统帝国就像国家垄断公司，靠内部派系互相牵制维持平衡，高官层肆意妄为导致解体。任性是这种公司的大敌。

战国七雄的竞争，不是遵循市场交易原则，而是遵循暴力征服原则。群雄并起，竞争的社会成本就太高，于是，实现大一统，垄断所有资源就是最划算的，由此中国进入了秦汉时代。如果把西周比作家族公司，那么秦汉就变成了国家垄断公司。这种国家垄断公司的走势，取决于公司的收益分配。秦朝不能善待基层黎庶，迷信当初打天下的暴力，高压之下带来的是大泽乡的反抗和“楚虽三户，亡秦必楚”、“祖龙死而地分”

的诅咒，自下而上的暴力反作用，使这个国家垄断公司进入重组，借壳上市，刘邦乘势调整了公司的运营规则，以“约法三章”的高姿态继承了秦朝的遗产，建立西汉。汉朝吸取秦亡教训，以“与民休息”的基本国策走向新的稳定，同时以分封诸侯王国方式认可了反秦战争中的军功集团。这时的诸侯国，与西周的诸侯国完全不是一回事，同亲情无关，只是酬劳功臣的方式。很快，功臣被皇帝宗室替代，异姓王变成同姓王。但是，王国与皇权的矛盾随之显露出来，带来了吴楚七国之乱。不过，七国之乱不属于公司的分合之争，而是董事会和总经理的人选之争。即便吴楚各王没有被灭而且上位，仅仅是换了董事长而已，同公司的性质没有大的关碍。西汉末年，董事长换成了王莽，并不影响这个国家垄断公司的性质。人们可以批评王莽这个董事长政策有误，甚至可以把他推翻，但“新”记王莽政权也新不到哪里去。

对国家垄断公司来说，真正决定这个公司分合走向的，是公司内部的上下关系。这种上下关系又有两层含义，一是组织对成员的关系，二是中央对地方的关系。秦朝没有处理好的是前者而不是后者。秦朝以皇帝睥睨天下的气势，把庶民看作可以任意拿捏的面团，导致公司翻盘。汉代在“与民休息”的基础上，确立了不与民争利的治理准则，使后来国家垄断公司在对待庶民上有了双方都能接受的界线。不过，这种治理准则的转变不是一蹴而就的，而是在多次试错之后逐渐形成的。汉初，“天下苦秦久矣”，所以刘邦和文景能够退到黄老之治。然而，随着国家实力的增加，财政钱包的鼓胀，皇帝往往会好大喜功，显摆自己的能耐。凡是这种国家垄断公司，只此一家别无分店，实际上是没有市场制约和社会制约的。所以，如何约束高管是头等大事。汉武帝狠狠辉煌了一把，把汉初七十年积累的财富折腾光不算，还得加大向社会的搜刮。在农业社会，财富变量较大的领域首推工商。“以贫求富，农不如工，工不如商”，于是，算缗加告缗，国债加捐献，还在盐铁官营方面引发了长期争论，使西汉出现了不稳定的迹象。最后，汉武帝自己的悔悟，汉宣帝政策的调整，使西汉实现中兴，也由此确定了后代王朝不与民争利的治国基调。

但是，国家垄断，政权手里又有令人生畏的暴力，所以在不与民争利的政策实施上，历代多有折扣。对于明智的帝王来说，这个折扣掌握在不激起民变的分寸上。有些不知天高地厚、缺乏敬畏之心的皇帝，往往超越了这个分寸，从而导致政权易主，公司短命，如隋炀帝。问题在于，即便是清楚这个分寸，但随着公司的运营变化，开支总会增加。古代不同于现代，开拓边疆，往往不会得到财政上的收益，只会加大国家的支付。而且像唐代安史之乱后，国家开支猛增，河北税源丧失，这就产生了维持公司运行的财政难题。对此，经过历代调试，凡是稳定的王朝，对于农业方面的国家征收，一般都掌控在十分之一二左右，以什一之税为推行仁政的标准尺度。而工商方面的变量大一些，通常，当国家财政需要时，多采用食盐官营或专卖、酒专卖（榷）等方法，由此也就展开了官府与私盐贩子的拉锯战。凡是这个尺寸把握不好的朝代，国家会易主，但多不会分裂。超过了界限与民争利，就会在下层缓慢积累起改朝换代的力量。

历史上的国家垄断公司同现在的竞争性公司相比，有着重大差别。由于国家垄断公司没有市场约束，所以，它依赖高管层的自我制约，缺失这种自我制约的王朝，一般会过度使用民力而短命。凡是追求长治久安又能形成制约体系的，除了价值观的约束外，多靠高层运行中分化出来的派系互相牵制。很多人都对历史上王朝内部的掣肘十分恼火，殊不知正是这种掣肘才可防范所有高管包括皇帝在内的任何个人或者小群体为所欲为。不管你是英明神武还是奸佞龌龊，几乎都不能随心所欲。从西汉的中朝和外朝开始，国家建制中就留下了派系发育的土壤。此后外戚与宦官、士人与宗室、言谏与实务等等，机构分化与群体聚合交织，钩心斗角，形成古代国家治理的特殊风景。所谓“没有外患必有内忧”，正是这种派系之争的写照。凡是这种国家垄断公司运行较为正常的王朝，国家没有分合，而高管的群体分合则时隐时现。一旦高管“紧密团结”，就有可能走上秦朝或隋朝道路，反而是那种派系此起彼伏的朝代，虽不能“久安”却可以“长治”。

32. 重心移位引发的分合

权力上收保证了国家统一却窒息地方活力，地方坐大有了实力却让中央寝食不安。央地关系中的权力消长，造成了“一统就死，一放就乱”的循环。

国家垄断公司的心腹之患不是派系之争，而是公司内部的上下级关系。战国形成了郡县制，经过秦汉稳定下来，此后，中央与地方的博弈，是各个王朝一直未能解决的难题。某种意义上，在帝国的框架里，央地关系近于无解。帝国的分合，主要是这一原因引发的。

西汉的郡县制，中央要管上百个郡国，为了管理的方便，设立了十二个州作为监察区。每州派一名刺史，“以六条察郡”。中央倚重刺史，郡国巴结刺史，刺史的地位，想不上升都难。没过多长时间，刺史就由原来的中央巡视员，变成了支配一方的封疆大吏，称呼也变成了州牧。到东汉时期，州牧要风有风，要雨得雨，具备了与中央分庭抗礼的资本。在汉代的察举与辟除用人制度下，州牧实际掌握了人事权。察举是向中央推荐人才，辟除是自行选任下属，州郡长官长期在位，“门生故吏遍天下”。尤其是在镇压黄巾起义的大背景下，中央迫不得已让地方自行组建军队。州牧要干部有干部，要武装有武装，下面只知有州牧而不知有皇帝。此时，公司分裂已经大势所趋。三国分立之前，各位州牧实际上早已自立门户了。

按理说，有东汉献帝的教训，后来的统治者应该对这一问题足够重视才是。但是，在国家垄断公司的框架下，谁也没有更好的解决办法。东汉是州牧挖了帝国的根基，唐朝是藩镇掏了帝国的老窝。很多人都批评唐朝设置节度使的举措，实际是因安史之乱的恶果而形成的皮相之论。节度使的设置在唐代是一个很关键的举措，开元盛世与此大有关联。周秦以来，历代都对农业民族和游牧民族的关系感到头疼。即便像西汉打匈奴那样，也不可能在农业区和游牧区之间建立隔离带。唐朝的地方建制以州为主，而各州那点维持地方治安的兵力远不足以有效抗击游牧骑队的抢掠。如果各州都要建立足够对付游牧骑队的武装，军费将会成为可怕的负担。开元年间的做法是：从平卢到剑南，沿边境设立九大节度使，每个节度使统帅一支机动野战部队构成作战单元，九大兵团总计不过几十万人马，却形成了边疆地区的快速反应机制和能力。节度使附近各州，变成兵团的补给征发区域。从此，有效保证了广大内地的安宁。问题是节度使有兵有钱有权，如何保证其服从中央就成为难题。唐玄宗的办法是让节度使之间互相牵制。然而，对安禄山的偏信和制约上的失衡，最终酿成大乱，其后战火遍及大半个中国，节度使也只好在内地广为设置，形成了几十个藩镇。中唐以后，藩镇同中央的较劲，成为大唐帝国最重要的问题，结果是大唐这一国家垄断公司分裂为五代十国。

我们不能因为唐代的节度使引发了藩镇割据就不承认这种制度的合理之处。在防范游牧民族上，它还是很有效的。明代的“九边”，就存留有唐代节度使的影子。一直到现在的军区制，还隐隐可见节度使的印痕。不过对于中央来说，对藩镇的恐惧始终存在，宋以后的基本措施，是军民分治，防范军队对地方政治的影响。对于地方有可能产生的离心力，宋代以后对采用了多种手段，如以京官知地方事（相当于今天的空降挂职）、各路监司互相牵制，一直演变为明清的地方藩司臬司和督抚制度。大体上，防范地方的主要思路是分割事权，互相牵制，加强巡视监察等等。比如，清代的总督巡抚统管一方，但是，总督巡抚有衙门无属官，一省之事必须依赖布政司和按察司。甚至在地区的行政区划设定上，也采取了故意不按照经济区和文化区设置划定行政区的方法，以行政区切割经济区和文化区，把同一经济区分划到不同行政区，把不同经济区组合到同一行政区。可以说，历代在防范地方尾大不掉问题上费尽了心机。然而，有一个矛盾是无法消除的：要想有效治理地方，就得给下面放权；而下面权力一大，中央就如坐针毡。作为国家垄断公司，在这种情况下会产生权力重心下移和上收的多次反复。这种反复的走向，情境所迫的“势”要比执政主体的

“能”更重要。就以清朝来说，在顺康雍乾时期，中央具有绝对权威，皇帝给督抚的敕谕，如同严厉的教师教训犯规的学生。而到咸同以后，情况就发生了根本性变化；到了光绪之时，无论是皇帝还是太后，对待地方督抚要小心翼翼，“温言劝勉”。其因无他，概由平定太平天国时湘淮军实力兴起所致。所以，清朝的垮台，武昌起义仅仅是点燃了引线，而各地独立才是真正的爆炸原因。此后，中国进入了两难选择：是以地方自治推进现代化转型？还是以重塑中央权威引领现代化建设？至今尚未彻底摆脱这一困境的影响。尽管国家大势已经不可能再分，然而央地关系却依然不顺，“一统就死”，失去活力；“一放就乱”，失去威权。

33. 外部冲击对分合的影响

游牧民族对农业民族的冲击，挑战王朝秩序，而游牧民族的汉化过程，则对中原政权形成威胁和替代。

对于帝国来说，本来是国家垄断性质，然而当遇到外部冲击时，就会挑战这种国家垄断的一统天下。从东汉到三国，各少数民族的南下，史称“五胡乱华”，十几个政权先后互相竞争，中国进入分裂状态。

对五胡十六国和南北朝，人们过去往往关注其分裂，而多忽视其分中有合、合中有分的复杂性。大体上，游牧民族要想对中原的汉族政权形成真正的挑战，而不是在边境地区抢掠一把就走，首先要追求“经营范围”上的“合”。能够在北方农业区建立政权的民族，先要同汉族“合”起来，追求汉化。如果一直处于游牧状态，你耕你的田，我放我的马，就不可能“取而代之”。十六国尽管没有彻底放弃游牧，但稍加考察不难发现，谁汉化最彻底，谁就有可能在政权建设上最成功，也就对中原政权的威胁最大。在北方，推行汉化政策最得力的，先有氐族的苻坚，后有鲜卑的拓跋宏。前秦和北魏的成功，是他们都完成了由游牧向农耕的转化。而凡是仍然以游牧为主体的民族，即便进了中原，也在内地成不了气候。这里没有先进与落后之分，只有统治区域在草原还是在农田之别。也就是说，只有在业务上同已有公司形成重合，才有可能对已有公司造成竞争。“五胡乱华”是以五胡汉化为前提的，没有汉化，就没有乱华的本钱。

正是汉化和融合，使五胡建立了挑战中原的政权。社会之合，带来组织之分。中原原来的国家垄断公司一家独大局面被打破，前秦、北魏先后做大做强，把正统王朝逼得连连退守。但是，前秦在做大的同时，兼并过于迅速，没有完成内部整合，武力兼并的鲜卑、羌族暗中作梗，导致其昙花一现。而北魏孝文帝的汉化彻底，整合得力，使其统治俨然有了华夏气象，打下了取代中原汉族政权的基础。尽管北魏后来也分为东西两个集团，但那属于董事长与总经理的矛盾导致的公司分家，而不是在外部竞争中的公司倒闭。

从十六国到南北朝，这种政权竞争格局，促使北方的游牧民族接受农耕文化，也逼迫华夏正统政权在退守中求生存。但是，这种竞争，所追求的不是不同组织的共存共荣，而是以吞并对方为最终目的。所以，尽管当时的分裂把国家垄断公司变为寡头竞争公司，但所起到的积极作用十分有限，反而因为竞争加大了公司运营成本，降低了治下民众的生存质量。游牧民族改变生存方式带来的社会融合，以及由此引发的国家竞争，主要作用在于调整他们的发展方向。

34. 羁縻和朝贡对分合的影响

> 中心对周边的笼络，和周边对中心的投靠，是天下分合的重要因素。然而在历史上，羁縻和朝贡往往是在大义的名分下求利。

尽管历代中央王朝以“天下”为治理对象，然而其统治范围不可能无限度扩展。所以，即便是国家垄断公司，也有着鞭长莫及的“化外”之地。但是，历史上的中央王朝，对自己的文化优势具有高度自信，所以才在对外政策上有“以夏化夷”的基本方针；在多数情况下还对自己的经济优势也具有相当自信，“天朝物产丰盈，无所不有，原不藉外夷货物以通有无”。由此而形成的古代国家垄断公司，是内敛的，且趋向于自我封闭，对外开放不是走出去，更不是拿来主义，而是追求万邦来朝的老大地位。由此，产生了中国传统的羁縻政策和朝贡外交。

羁縻是象形字，羁是马笼头，縻是牛缰绳。到了唐朝，羁縻政策逐渐定型。所谓羁縻政策，就是对“心仪王化”的边远民族采取笼络方式，设置府州。凡是羁縻府州，不改变社会组织，不进行户籍管理，不交纳常规租税，一切按照当地的原有习惯方式管理，朝廷赐予部族首领官职名号，部族承认中央的权威和隶属关系，按照年度朝贡，而中央为了显示关怀，回赠较高赏赐。唐代中央直接管理的正州三百多个，而羁縻府州史籍载名的达八百多个。这种羁縻制度，到了元代以后，演化为土司制度。虽然清朝在靠近内地区域实行过“改土归流”，但土司和特别区域一直存在。可以说，羁縻制度下，地方和中央的关系分成两种。正常府州，地方政府就是中央的下属，人财物都受中央支配；而羁縻（土司）地方，则是同中央自愿联合的，尽管有上下级的名分，但更多地立足于双方互惠。中央政府对其原则上来者不拒，去者不追。

羁縻政策下的边疆民族，享有高度自治权。当然，不得违反中央的大政禁令。这种央地关系，十分相似于现代兴起的“挂靠”。某个经济实体，为了取得合法名分，需要找一个主管单位，一般情况下主管单位不干预，但在出事时主管单位要查处。现代的挂靠与古代的羁縻不同处在于：古代羁縻，往往能从中央政府获得优厚支持。有些时候，中央为了显摆自己，或者为了更好地笼络地方，其恩赐往往远远超出进贡的价值。对于比羁縻地方更远的外夷，愿意来华，就纳入朝贡外交体系。在古代的组织分合关系中，唯有这种关系基本上立足于自愿而非暴力强制，所以其扩展或者萎缩主要取决于双方从中的获益情况。

但是，古代的羁縻和朝贡，仍然存在内在矛盾。羁縻关系的建立依赖于利益，利益就要计较得失。而一旦形成这种羁縻关系，对中央朝廷来说其主要性质就变为笼络情感，纳贡仅仅是一种臣服表示，不在多少，而赏赐则体现大国风度，多多益善。所以，从唐到明，日本人争相遣唐进贡，因为这比做买卖更划算。如果说羁縻接近于当今的挂靠，对于被羁縻者最重要的是看能不能获益，在"有事"时能不能罩住；对朝廷来说最重要的是看对方是否心悦诚服，能不能扩大自己的影响力，往往算计的是非物质利益。由于双方算账的标准不同，有时难免会有矛盾。有一点与现代不同，凡是羁縻关系，都是对上下等次的确认，所以，不存在转变为现代对等地位的前提。

我们对历史上的国家分合因素进行考察，目的是从中看出组织走势。尽管现代与古代相比，社会性质、政权运作方式都发生了翻天覆地的变化，但历史上的分合走向不仅具有值得总结的经验遗产，而且其观念和行为方式已经沉淀在民族的潜意识层次。如果向深层发掘，还可看出一些更有意思的做法。例如，历代王朝为了促进大一统之合，往往对不同民族采用同化（汉化）政策；而为了防止分，往往培育机构、职责、群体之间的制衡与掣肘功能；为了消除尾大不掉，在垂直监控和层级管理上形成了十分精巧的网络结构；而为了保障国家垄断地位不受威胁，又在社会层面严格限制自发自治的组织体系，以"编户齐民"方式把社会原子化。这些东西都已经成为过去时态，但中国特色就是通过这些逐渐演化出来的。所谓中国特色，是几千年的文明积累，而不是几十年的实际操作。对此进行理性分析，有助于在当今恰当理解从历史走出来的天下大势。

第八章　领导人与组织文化

35. “秘书政治”与“仆人哲学”：权力与距离

弄清中外朝即皇宫和政府的区别，是了解古代政治的起点。掌握下属同领导之间的远近距离，就掌握了传统政治的大半奥秘。

管理的实体是组织，组织的运行离不开权力。人们判断权力大小的依据，往往是官职和级别。通常情况下，级别越高，权力越大。但是世界上的事情总有例外，中国古代的官员，权力的大小往往同级别的高低不成比例。

秦汉时期，在建立皇帝制度的同时也建立了宫省制度。宫省原来叫宫禁，后来因为避讳，改禁为省。宫省制度是围绕着皇帝建立的，中央政府是围绕着三公九卿建立的，建筑名称各有不同。在汉代，丞相等三公的衙门叫府，太常等九卿的衙门叫寺（隋唐以后与寺并行还有监）。皇宫里面，也有设在皇帝身边的办公机构，这些机构占用宫内的台阁办公。所以，古代就形成了两个中心，一个中心围绕皇帝，在宫内；另一个中心围绕宰相，在宫外。一般来说，宰相名义上是皇帝之下的最高长官，比较正规；皇宫里面的不过是办事人员，级别很低。后来诸葛亮所说的“宫中府中，俱为一体”，就是说的这两部分机构的配合。后代谈到中央统治核心，也往往以台阁和府寺监并称。

汉代以石论级别，丞相是万石，连地方的郡太守也是二千石。而宫内的官员，如尚书台的尚书，不过是二三百石的小吏。二者在级别上相差太远。即便到了东汉，尚书令已经凌驾于三公之上，但级别不过六百石，名义上还是九卿之一少府的属下。但是，由于尚书在皇帝身边，直接为皇帝服务，而丞相在皇宫之外办公，难得凑到皇帝身边，所以，在决策时，尚书的意见就要比丞相更能到达皇帝耳中，久而久之，级别很低的尚书就成为决策中心的意见来源，而宫外的丞相，只能听命于尚书，成为权力上低一个档次的执行中心。当然，宫省和府监的详细情况十分复杂，而且后来变化极大，这里只是说明其最一般的情况。

因为这种距离皇帝远近的空间分布决定着实际权力的分布，而不是级别高低决定着权力的等次，所以，古代的官场，人们只要进入官僚集团就十分清楚权力在谁手里，根本不看级别。级别很低的官员，只要在皇帝身边，就肯定执掌大权。离皇帝越近，位置越重要。从这一点，我们就可以大体上揣度出宦官是如何专权的。这种空间距离对权力的作用，我们不妨称之为空间政治学。

历史上的权力分布传统，已经渗透到我们各种组织的方方面面，尽管近代以来各种组织已经有了很大变化，但到处还可以看到这种空间政治学的痕迹。用韦伯的官僚组织理论，是无法解释这种“秘书政治”、“仆人哲学”现象的。我们观察一下现实中的组织，不论是政府还是企业，在很多情况下都可以发现，权力的分布，不是按照职务的高低，而是按照距离核心人物的远近来衡量的。靠领导越近，可能权力就越大。能够给领导写文件的要比只能给领导交汇报的权大，能够和领导聊天的要比只能谈工作的权大，能够在下班后还同领导在一起的要比只能上班见领导的权大，能够随时见领导的要比不召见就见不上领导的权大。如果你的办公室安排在从来见不到领导人的偏远角落，那么对不起，哪怕你有很高的级别和法定的重大职权，你也已经失去了实际地位。如此类推，八九不离十。

这种权力分布，很有可能使组织结构具备了科层制的躯壳，但骨子里是家长制的灵魂。它也同费孝通说的差序格局有实质差别，决定差序的不是亲情，而是权力。用科层制或者用差序格局来分析这种布局，都会不得要领。

从现代化的要求来看，这样一种权力分布，会导致实际执掌权力的人员同他在科层体系中的名誉地位不符，所以其实际权力很难在规章制度中形成责任约束。这样一种权力体系下，有权者难以形成职业精神，却极易养成个人效忠；权力的获取不是靠品行、知识与技术能力，而是靠核心人物的赏识；权力的运用很难做到公私分明，核心人物的默许比规章制度的明示更重要。同时，由于“身边人”的特殊性，还容易在这些人身边滋生出权力掮客。

组织的改革，如果不触及这种权力关系，只能流于形式。要建立现代政府和现代企业制度，需要对这种传统空间政治学保持必要的警惕。

36. 上有所好，下必盛焉：卫懿公的“鹤将军”

古代传言：“吴王好剑客，百姓多创瘢；楚王好细腰，宫中多饿死。”东汉长安民谚：“城中好高髻，四方高一尺；城中好广眉，四方且半额；城中好大袖，四方全匹帛。”

春秋时期的卫懿公是位名人，他的出名不是因为他有多大的能耐，而是因为他喜欢仙鹤。

仙鹤确实很漂亮，喜欢动物也是人之常情。然而这位卫懿公有点太出格，他是国君，于是，他喜欢的鹤也就成了“国鹤”。据说他的后宫里到处都养了鹤，还根据鹤的品相分了等级，给予大夫或者士的待遇，有了“官位”，自然也就有了俸禄和待遇，“以卿之秩宠之，以卿之禄食之”。一旦卫懿公出行，这些“鹤官”也会随行，而且还不是走路跟随，是站在轩车上显摆。因为按照春秋时期的规矩，大夫以上的人才可乘坐轩车，“鹤官”当然要享受这一级别的待遇。上朝有群鹤簇拥，外出有群鹤引导，这时的卫懿公，真是恍若仙人。民众把这些受到特殊优待的“鹤官”，称为“鹤将军”。

上有所好，下必盛焉。许多人为了讨好卫懿公，向他献鹤，学习养鹤，国家也把养鹤作为重点扶持产业，有了鹤岭、鹤城等养鹤基地。据说鹤壁这一地名，就是因卫懿公养鹤得来的。普通大众的民生，难免要受到一些影响。在老百姓看来，正是这些鹤，夺走了他们的衣食。于是，不满由此引发。普通老百姓有意见倒也罢了，关键是那些本来该为国效力的卿士认为鹤夺走了他们的地位，与国君同族而为国服役的国人认为鹤侵占了他们的待遇，离心离德。按《左传》记载，“（闵公二年）冬十二月，狄人伐卫。卫懿公好鹤，鹤有乘轩者。将战，国人受甲者皆曰：‘使鹤，鹤实有禄位，余焉能战!’”就是说，在外敌入侵时，军队不干了，让卫懿公派鹤去打仗。结果当然是不言而喻的：“战于荧泽，卫师败绩，遂灭卫。”

卫懿公的教训，值得当今的管理者借鉴。首先，职位和名分，不能随意授予。任何组织，都需要有一定的秩序，职位和名分实际上是秩序的体现。因此孔子有言：“唯器与名，不可以假人”（《左传》成公二年）。管理的基本方法，无非是循名责实，如果名实不副，有名无实，有职无责，那么，这个组织肯定会江河日下。一个企业，任命了一个完全不懂工艺技术的总工程师，那就别指望他能够给你处理企业运行中的技术问题，更不要指望他去主持引导技术革新；一个学校，任命了学术外行当教授，也就别指望他能够拿出学术界认可的科研成果；聘请一个读《故事会》的人来高校做讲座，就不要怪学生档次低；一个组织竖立的标兵如果满嘴假话，这个组织就难以形成必要的诚信。

名器至重的道理好讲，但在现实中要把握有一定难度。例如，人们总会因为某些原因，对某些组织成员采取一定的照顾措施。例如，有的人在过去有较大贡献，不给他个名分会有所亏欠；有的人在某一方面有所特长，但所特长的方面已经人满为患，于是在他不特长的方面给个名分来平衡。作为领导人，必须明白一个道理，你可以给不符合岗位需要的人一个名分，但你首先要有这个岗位不再具有实效的思想准备。照顾员工有多种手段，用名分来照顾是最不可取的。任何组织的烂掉，都是从名分之滥开始的。当一个人不以为然地说“那不过是个名分嘛”时，就意味着他在潜意识上已经不会按照名分的要求做事了。

其次，领导人在事业之外的自身喜好，不要轻易带进组织。领导人的言行，是组织的风向标。“榜样的力量是无穷的”，什么样的领导，就能带出什么样的组织风气。如果领导人喜欢打麻将，那么部下肯定精于“围长城”。即便领导人认为这种喜好是业余，但久而久之肯定会在麻将桌上谈工作；即便领导人有意识地提防麻将牌友影响工作，但也会不自觉地在工作安排和决策中使用麻将桌上得来的信息。通用汽车的斯隆在主政期间，坚持不与工作伙伴发展友谊，道理就在这里。另外，与工作相关的领导风格，也会对部下形成无形影响。一个领导人如果喜欢在决策中不按规矩出牌，部下就有可能在工作中不按规矩胡来。

当我们嘲笑卫懿公的荒唐时，就要在行为中避免卫懿公的失误，否则，这种嘲笑最终会回报到自己头上。

37. 如何考验部下："指鹿为马"与管理

了解部下和考验部下完全不一样，决不要用类似"妻子和母亲同时落水你救谁"的问题考验部下。

"指鹿为马"是人所熟知的典故。秦朝赵高为了验证自己的权威，给二世皇帝胡亥献一头鹿而称为马，看看大臣们怎样回答。结果，大臣分了三种：一种是顺应赵高的意旨，把鹿说成马；一种是既不愿意说马，也没胆量说鹿，保持沉默；一种是不看赵高脸色，坚持说鹿。这三种大臣结局如何史书没有详载，只是笼而统之地说赵高以违法为名，把坚持说鹿的人都收拾了。

如果把道德谴责先放在一边，从管理学角度看，所谓"指鹿为马”，是作为秦朝高管的赵高对自己的权威心中无数，借以用来考验他人的一种方式。这种考验的目的只有一个，就是看是否忠于自己。重温指鹿为马的故事，是要告诉高管，考验属下一定要谨慎从事。

首先，了解和考验不是一回事，但极易混淆。任何一个领导人或者高管，都要了解部下。了解部下是从事管理工作的前提、管理中的众多问题，都是由于对部下了解不够造成的。诸葛亮重用马谡而失了街亭，归根到底要批评诸葛亮对马谡了解不够，而绝不是要诸葛亮拿出街亭来考验马谡。关于了解部下，法约尔说的两句话是比较全面的：一是对每个人可寄予什么期望，二是对每个人到底该给予多大信任。不少管理者试图采用考验的方式实现对下属的了解。但是，任何考验，都无法真正增进法约尔所说的这两种了解。如果认为指鹿为马可以检验部下的忠诚，更大错特错。这种考验方式，只能衡量依附程度，而不能衡量忠诚程度，更不能衡量能力和责任心。把鹿说成马，对良知未泯者来说，是恐惧压倒了诚信；对全无心肝者来说，是逢迎的大好机会。指鹿为马胜出的人，恰恰既不是忠于秦朝，也不是忠于赵高本人，而是见风使舵者。凡是用价值观的悖谬来考验部下者，肯定会承担这样的风险。对部下的了解，要靠日积月累的观察，而不是一时一事的考验。

其次，如何考验部下，要避开领导人的示意。赵高在询问大臣前，先告知秦二世这个动物是马。这是一种很蠢的明示，它等于是赤裸裸地向大臣发出了威胁。这种威胁只能产生一个效果，即检验属下对赵高手中权力的惧怕程度，同时会增加赵高对自己能量的误判。采用指鹿为马的方法，不管是谁在赵高的位置上，效果是一样的。即便大臣们表现出依附，也是对权柄的依附而不是对赵高本人的依附。一旦失去权柄，立即就会众叛亲离。所以，这种方法只有心怀鬼胎、权柄来源不正，或者有严重心理毛病的人才会采用。其隐含前提是假定属下会屈从，目的也是淘汰不屈从的属下。如果有不屈从者，使用这种方法则会加剧他们的离心倾向。而对屈从依附者来说，所得到的不是心悦诚服，恰恰因为他们已经在高压下失去了道德的自我约束，所以，表面的顺从背后会随时滋生出叛逆行为。在逻辑上，这种考验也会失去意义。

再次，即便不是指鹿为马这么荒诞，价值观的悖谬隐含而不外显，也有一定的副作用。很多人会觉得，自己决不会搞指鹿为马、颠倒黑白这一套。但把握不好，就会出现近似情况。例如，有的领导明明写不了旧体诗词，连平仄音韵都不清楚，却要附庸风雅，表现一下，询问部下写得如何，部下肯定会认为你需要逢迎。实际上，管理中这种暗示式的检测相当常见。即便领导人不把它当作对部下的考验，部下也会觉得头儿是借机观察自己的反应。久而久之，奉承话听得多了，领导人很有可能真觉得自己的诗词本事提高了不少。当年乾隆皇帝到处题诗，大概就是这样养成的行为习惯。大体上可以说，如果是明示要求部下屈从，会滋生下属的佞行；如果是暗示乞求部下赞扬，则会助长领导的虚妄。不管是明示还是暗示，都会程度不同地败坏组织中的道德。

有人会认为，把附庸风雅的小事同指鹿为马的大事相提并论，是否有点危言耸听？恐怕不是。因为把一首顺口溜说成好诗，同把鹿说成马逻辑上是一致的，仅仅是程度差别而已。同理，领导的“鹿”和“马”太多，即便不是鹿和马，在权力行使中也会变成鹿和马。不过，像赵高那样低水平的领导人确实不多见，真正的指鹿为马不过是千年一遇。然而，区分驾用马和骑乘马、区分梅花鹿和麋鹿，在现实中却司空见惯。所以，真正要警惕的，是具有指鹿为马的逻辑而又没有鹿和马差别那么明显的问题。在现实生活中，我们常常可以见到或者听到这样的事情：某次游泳，多名领导人的名次恰好同职务高低相对应；某机关钓鱼比赛，恰好官职最大的领导是冠军；甚至到卡拉 OK 唱歌，也是权力越大的人唱得越好。这里面，就有可能出现把蹇马说成千里马、把麋鹿说成梅花鹿的现象。君不见，曾经就有过领导游泳超越世界纪录的报道。凡是出现这种偏差，就在一定程度上产生了鹿马问题。

不过，指鹿为马也罢，附庸风雅也罢，如果没有随后的行为强化手段跟随，就不会造成危害。假如你喜欢下棋而又棋艺不高，输了棋也一笑了之，随后的行为没有权力偏向的因素伴随，那么大可放心同下属下棋，对手水平高低都没有关系。久而久之，重复行为可以让部下了解到你的心怀坦荡，你也可以知道部下棋艺的真实水平。这里面就不再是考验，而只有了解。

38. 潜移默化中的品格积弊：孙嘉淦谈“三习”

耳习于阿谀奉承，目习于奴颜婢膝，心习于乾纲独断，那就会小人当道。如何战胜“三习”，既是对领导人的挑战，更是对制度的挑战。

中国古代一直有着君子小人之辨，历代政治家也总是不断强调“近君子，远小人”。然而，言者谆谆，听者藐藐，小人往往会扶摇直上，君子则会受到或明或暗的排挤。许多人因此而痛骂小人，但却忘了一点，败家子弟是父母娇惯“训练”出来的，小人当道是上司喜欢“栽培”出来的。

清代有个大臣孙嘉淦，康熙末年考中进士，任翰林院检讨。雍正即位后，为了表现皇帝的宽宏大度和厉精求治，雍正下令让大臣上书议论朝政。孙嘉淦上疏提出三项建议："亲骨肉，停捐纳，罢西兵"。雍正一看，勃然大怒。众所周知，雍正的帝位来历有点不明不白，尤其是雍正兄弟之间的骨肉相残，更是私下非议的谈资。而孙嘉淦的建议首条就是"亲骨肉"，这不等于直接揭雍正的疮疤？所以，雍正看到奏疏，当然怒不可遏，对大臣言："翰林院乃容此狂生耶？"在旁边伺候的大学士朱轼，看见雍正很生气，情况很严重，于是缓慢迂回做答道："嘉淦诚狂，然臣服其胆。"这一下，雍正回过味来了，想了一会儿笑着说："朕亦且服其胆。"（《清史稿·孙嘉淦传》）此后，孙嘉淦一直受到重用。说起来，雍正在清代的皇帝里心胸不算开阔，但如果他真要同孙嘉淦斤斤计较，孙嘉淦也就没有了后来的建树。

到乾隆登基，孙嘉淦已经是朝廷重臣，任都察院左都御史兼吏部侍郎，相当于今日的最高检察长兼中组部常务副部长。面对刚刚上台的新皇帝，他板起一副前朝老臣的面孔，结结实实把乾隆教训了一顿。这顿教训，就是很有名的"谏三习疏"。

《清史稿·孙嘉淦传》完整记载了"谏三习疏"的全文，原文太长，大意是：哪怕皇帝仁孝诚敬、明恕精一、殚精竭虑、剀切周详，也要防患于未然；即便心无不纯、政无不善，也要防微杜渐，居安思危。因为政治的腐败是不知不觉的，极盛之时肯定有不能察觉的隐患弊端，一旦显露，就会积重难返。而这些隐患，最主要的就是"三习"。

所谓"三习"，首先是"耳习"，即听惯了"皇上圣明"的称颂。"主德清则臣心服而颂，仁政行则民身受而感，出一言而盈廷称圣，发一令而四海讴歌，在臣民本非献谀，然而人主之耳则熟于此矣。耳与誉化，非誉则逆，始而匡拂者拒，继而木讷者厌，久而颂扬之不工者亦绌矣。是谓耳习于所闻，则喜谀而恶直。”开始是听不进逆耳之言，接着是说话本分不取巧则令人讨厌，最终赞扬得不够精致就等于无能。

其次是“目习”，即看惯了下面的唯唯诺诺。“上愈智则下愈愚，上愈能则下愈畏，趋跄谄胁，顾盼而皆然，免冠叩首，应声而即是。此在臣工以为尽礼，然而人主之目则熟于此矣。目与媚化，非媚则触，故始而倨野者斥，继而严惮者疏，久而便辟之不巧者亦忤矣。是谓目习于所见，则喜柔而恶刚。”开始只排斥桀骜不驯者，接着是疏远畏惧忌惮者，最终奉承得不够巧妙就等于忤逆。

再次为“心习”，即总觉得自己掌握着真理。“敬求天下之事，见之多而以为无足奇也，则高己而卑人；慎辨天下之务，阅之久而以为无难也，则雄才而易事；质之人而不闻其所短，返之己而不见其所失。于是乎意之所欲，信以为不逾，令之所发，概期于必行矣。是谓心习于所是，则喜从而恶违。”开始觉得自己理事高明，久之觉得天下无难事，最终会信奉“只有不努力，没有做不到”。

三习一旦形成，就会生成一弊，“喜小人而厌君子是也”。“语言奏对，君子讷而小人佞谀，则与耳习投矣。奔走周旋，君子拙而小人便辟，则与目习投矣。即课事考劳，君子孤行其意而耻于言功，小人巧于迎合而工于显勤，则与心习又投矣。小人挟其所长以善投，人主溺于所习而不觉，审听之而其言入耳，谛观之而其颜悦目，历试之而其才称乎心也，于是乎小人不约而自合，君子不逐而自离。夫至于小人合而君子离，其患可胜言哉？而揆厥所由，皆三习为之蔽焉。治乱之机，千古一辙，可考而知也。”听惯了阿谀奉承，君子的直言不讳难免会令人讨厌；看惯了奴颜婢膝，君子的耿直刚正难免会让人难受；行为上习惯了乾纲独断，君子的抗命不从难免会使人恼火。三习既成，下属就会知之而不敢言，言之而不能听，刚愎自用，自毁根基。久而久之，衰败就不可逆转。尤其是小人的灵巧、揣摩、迎合、投其所好，更是具有极大的诱惑力。所以，一不小心，小人就会占了上风。

即便皇帝厉精求治，如果自以为是，那么，最后也会日积月累走向反面。“虽敛心为慎，慎之久而觉其无过，则谓可以少宽；厉志为勤，勤之久而觉其有功，则谓可以少慰。此念一转，初亦似于天下无害，而不知嗜欲燕安功利之说，渐入耳而不烦，而便辟善柔便佞者，亦熟视而不见其可憎。久而习焉，或不自知而为其所中，则黑白可以转色，而东西可以易位。所谓机伏于至微而势成于不可返者，此之谓也。”

尽管孙嘉淦说得如此透彻，但是，乾隆并没有真正听进去。乾嘉之交，成为清朝盛衰的转折点。孙嘉淦死于乾隆十八年，谥号文定。如果他活得长久一些，按照他的脾气，说不定也会因为“恶毒攻击”给自己招来祸殃。中国古代的王朝循环，在一定程度上都同“三习”有关。从西周的强调殷鉴，到魏徵谏唐太宗的“十渐不克终疏”，再到清朝孙嘉淦的抨击“三习”，应该说，同样的道理已经在历史上反复说过无数次，但是，古代王朝一直未能跳出“周期律”。这说明，统治者的自身修养和克制，在治理国家中是十分重要的，然而仅仅依赖于这一路径，不能从根本上解决“三习”问题。“载舟覆舟”也罢，“两个务必”也罢，都是一种不具有长远效应的警示。

39. 警惕价值观迷失：商鞅的不归路

从商鞅的言行来看，古代就有了“精致的利己主义者”。而这种人的炼成，是从价值观迷失开始的。

商鞅是一位历史名人，因为他主持变法取得了极大成就，所以他身上就有了某种光环。如果我们以一个平常人的心态来观察商鞅，有可能在光环的背后发现一些很有意思的现象。

人们一般认为，商鞅是法家的代表。这不错，他确实精通法家学说，“少好刑名之学”，一部《商君书》，人们看到的几乎全是法家的治国之道。但是，正因为商鞅以法家学说扬名立万，人们往往会忽视他身上那些非法家的东西。按《史记·商君列传》所载，商鞅在入秦之时，通过走秦孝公宠臣景监的门路得以进见。结果第一次讲帝道，把孝公说得打了瞌睡，得到了一个“妄人”的评价；第二次讲王道，要好一些，但仍然“未中旨”；第三次开始讲霸道，得到了孝公的赏识。此后一发不可收拾，“语数日不厌”，孝公不知不觉地用膝盖向商鞅身边凑近。景监问他如何能够得到孝公的欢心，商鞅答道：“吾说君以帝王之道比三代，而君曰：‘久远，吾不能待。且贤君者，各及其身显名天下，安能邑邑待数十百年以成帝王乎?’故吾以强国之术说君，君大说之耳。然亦难以比德于殷周矣。”

以此来看，商鞅显然不是仅仅精通法家学说，他对商周的德治礼治肯定是了解的。“以帝王之道比三代”，这几乎是战国儒家的专利，是孔孟之徒的强项，商鞅对此也能娓娓道来，说明他实际上了解各家学说。帝道、王道、霸道他都有一套，否则就不能“语事良久”，更不可能当听者厌倦之时还能侃侃而谈。孝公选择了霸道，他就投其所好。但是，他自己对法家学说的不足是有清醒认识的，“难以比德于殷周矣”表明商鞅自己也认为法家不比儒家更好。他之所以讲法家不讲儒家，不是他对法家有坚定的信念，而是因为孝公需要眼下的政绩。在这里，商鞅表现出了他的第一个迷失——价值观的迷失。他是以功利的算计来衡量各种学说优劣的，而不是以价值观来主导自己的选择。说白了，商鞅没有自己的价值观，只要符合孝公的口味，哪怕自己内心认为有问题的东西，他也可以照讲不误。很有可能，这种迎合心态会使他在谈话内容上有所选择，既然孝公喜欢听霸道，那就闭口不谈“霸道”的弊端而只谈“霸道”的功效。

有人可能认为，商鞅的这种选择，不能责怪商鞅本人，他对孝公的试探无可厚非，甚至还有可能赞扬商鞅的智慧。毕竟，在那个时代忤逆君主意愿是很危险的。持这种观点的人，对商鞅的定位有误。作为政客，当然可以随风倒；但作为思想家，必须有自己的信念。如果把商鞅同春秋战国时期的其他思想家相比，这种缺陷立即显露无遗。同儒家相比，他没有“道不行，吾将乘桴于海”的志向，更没有迫使“王顾左右而言他”的勇气；同墨家相比，他没有用“非战”信念来抗拒君主发动战争的念头，更没有“摩顶放踵”的坚守；同道家相比，他没有“法令滋彰，盗贼多有”的现实批判，更没有视权势为“腐鼠”、“不为轩冕肆志，不为穷约趋俗”的洒脱；即便是同后来的法家韩非相比，他也没有对“说难”的深刻认识，而把言说作为利禄之途。在法家人物中，商鞅与韩非有一个很大的不同，韩非坚信法家优于其他各家，而商鞅不见得有这样的立场，他是以君主的立场为立场。这种人，不能称为思想家。

由于商鞅的价值观迷失，所以他在实际政务中一切以功利为原则。同样受到祖国的排挤，韩非尚主张“存韩”，商鞅却可以用诡计破魏。当他为自己的变法功绩陶醉时，已经有人指出其中的问题所在。《史记·商君列传》详载了商鞅与赵良的对话，赵良尖锐指出商鞅“无德”“无礼”的严重不足，“因嬖人景监以为主，非所以为名也。相秦不以百姓为事，而大筑冀阙，非所以为功也。刑黥太子之师傅，残伤民以骏刑，是积怨畜祸也。”“贪商於之富，宠秦国之教，畜百姓之怨”，所以“亡可翘足而待”。然而，商鞅此时表现出第二个迷失——自我的迷失。他完全以外在的功名利禄来呈现自我价值，舍不得繁华锦簇，放不下权势威严，拒不听从赵良的劝谏，为身外之物所累，最终被车裂于咸阳。

回头看商鞅，不是要给历史人物挑刺，而是要洞察其中的道理。对于一个管理者来说，商鞅的迷失足以我们引起警惕。这种迷失是逻辑递进的。一个管理者乃至一个公司，一旦价值观发生迷失，作为个人就会没有自己的坚守，作为企业就会产生社会责任的失落。价值观的迷失，自然而然会走向自我的迷失，作为个人只能以外在的功绩来衡量，作为企业只能以利润的高低来判断，评价尺度完全功利化而失去伦理约束。一旦自我迷失，经营者的判断力就会下降，事业就会变成赌博，甚至会为了追求成功而放弃底线，饮鸩止渴。更重要的是，这种迷失形成社会风气之后，会产生劣币驱逐良币的外在效应，对他人的评价准则会转移到狭隘功利尺度，不断“挤兑”正人君子，由“笑贫不笑娼”到“逼良为娼”。例如，后人对商鞅本人的评价，多谈他的变法成就，少说他的为人处事，一个权谋性的“徙木赏金”案例，竟然在世人口中变成了追求诚信的正面示范，足以说明这种迷失会在潜意识层次不断传承。所以，价值观的迷失，是一条不归之路的开端，值得人们格外重视。

关于如何看待商鞅，毛泽东的观点可以作为一个旁证。毛泽东中学时代有篇作文，名叫《商鞅徙木立信论》，把商鞅称为四千年来首屈一指的“利国福民伟大之政治家”，欣赏商鞅的功利。“其法惩奸宄以保人民之权利，务耕织以增进国民之富力，尚军功以树国威，孥贫怠以绝消耗。”① 国是根本，民

① 《毛泽东早期文稿》，湖南出版社 1990 年版，第 1－2 页。

是手段，老百姓之愚，要靠商鞅之法来惩治奸宄，富国扬威，打击贫怠，无需仁义道德。

对比一下毛泽东对商鞅的评价和司马迁、贾谊对商鞅的评价，有些东西值得思考。早在汉代，太史公在鄙视商鞅为人的同时，也肯定了商鞅治秦的成效。贾谊则看到了这种治国成效背后的隐患和灾难。《汉书·贾谊传》记载了贾谊评论商鞅变法对民俗和道德的影响："商君遗礼义，弃仁恩，并心于进取，行之二岁，秦俗日败。故秦人家富子壮则出分，家贫子壮则出赘。借父耰鉏，虑有德色；母取箕帚，立而谇语。抱哺其子，与公併倨；妇姑不相说，则反唇而相稽。其慈子嗜利，不同于禽兽者亡几耳。然并心而赴时，犹曰蹶六国，兼天下。功成求得矣，终不知反廉愧之节，仁义之厚。信并兼之法，遂进取之业。天下大败；众掩寡，智欺愚，勇威怯，壮陵衰，其乱至矣。"按照贾谊的说法，秦完全抛弃了三代尤其是周制的礼义传统，改变了民俗，从此，中国的社会生活进入了丛林时代。

再退一步，仅仅从法治的角度看，商鞅不同于韩非，但即便是真正的法家，所崇尚之法治也不是现代意义的法治，而是威权。按照金纲先生的观点，儒家的礼制，倒有接近现代法治的因素。周秦之变的转折点就在商鞅。他以反抗自然法的人造法和僭越的国家权力，取代了由自发形成到演化扩展的礼俗之治。

40. 如何担当组织责任：董狐史笔的管理意义

明明是晋灵公要杀赵盾，董狐却把弑君罪按到赵盾头上，这种“秉笔直书”，隐含着组织责任的落实。

在史学界，董狐是一个响当当的名字。文天祥的《正气歌》就有“在齐太史简，在晋董狐笔”之说。关于董狐史笔，学界多强调其不畏强暴，秉笔直书，几乎没有人注意到，从管理角度言，董狐史笔具有特殊意义。

董狐一事，见于《左传》宣公二年。当时晋灵公昏庸无道，同执政大臣赵盾（宣子）发生剧烈冲突，赵盾只好出逃。赵盾的从弟赵穿杀了灵公，把还没有逃出国境的赵盾迎接回来。结果，太史董狐记录为“赵盾弑其君”，而且拿到朝堂让大家看。赵盾不服，认为与事实不合，灵公不是他杀的。董狐说："子为正卿，亡不越境，返不讨贼，非子而谁?"赵盾只好认账。孔子为此感叹道："董狐，古之良史也，书法不隐。赵宣子，古之良大夫也，为法受恶。惜也，越境乃免。"

赵盾是不是弑晋灵公的责任人？表面上看不是，但是，作为执政大臣，他该不该为灵公之死负责，是一个很有意思的话题。这里涉及的是如何看待领导责任的问题。

现实生活中，我们有些人对领导责任总存在着某种误解。仿佛只要个人走得端行得正，就是承担了领导责任，往往忽视了领导要对其下属的行为负责，乃至对所领导下的整个组织行为负责这一基本的管理原则。领导者所要承担的，不仅仅是个人责任，更重要的是组织责任。一个企业的法定代表人，肯定要对这个企业的一切行为承担最终责任。即便某公司的董事长人品十分高尚，但公司亏损或者发生责任事故，他也难辞其咎。假定这个公司最终破产，代表公司承担破产责任的，肯定是这位人品高尚的董事长。

如果《左传》的记载是真的，那么，赵盾确实有点"冤"。晋灵公实在太不像话，不但聚敛无度，而且行为残忍。赵盾进谏，灵公竟然派刺客谋害赵盾。刺杀不成，又设酒宴埋伏甲兵准备动手，幸亏赵盾的家臣祁弥明拼死力保，才使赵盾逃生。显然，赵盾在晋国待不下去了，只好出逃。赵穿杀灵公一事，是在赵盾出逃后进行的，赵盾确实没有参与。所以，赵盾喊冤有他的道理。

但是，要说赵盾没有责任，灵公之死到底该由谁来负责？作为执政大臣，理应对自己治下的所有行为负责。董狐说得好，赵盾逃亡没有离开国境，就意味着没有解除职务；返回后又不追查凶手，意味着认可弑君行为。“非子而谁?”董狐记录某年某日赵盾弑君，正是坐实其领导责任的史笔。所以，孔子才称赞董狐的记载为良史，称赞赵盾的认账为良大夫。最可推敲的是孔子最后的感叹：“惜也，越境乃免。”也就是说，孔子认为，如果赵盾已经逃出了国境，那就意味着他确实解除了执政权力，所以就可以免除责任。

1986 年，明茨伯格《经理工作的性质》一书传到中国，管理角色理论开始传播，很多人都不理解，在明茨伯格列出的十种管理角色中，为什么第一种就是“挂名首长”？在中国人的一般经验里，挂名是一种荣誉，并不承担实际责任。挂名首长为何要在经理角色中这么靠前？如果从领导责任的角度看，一切都顺理成章，挂名意味着落实法定责任。理解了这一点，才能理解十种管理角色的逻辑关联，才能看到董狐记录“赵盾弑君”的管理意义。

第九章　古代的人才选拔制度

41. 制度建设不是除旧布新：从察举制向科举制的变化说起

弄不清制度变化的机制，就容易陷入“翻烧饼”式折腾。新制度替代旧制度，是一个渐进的演化过程。

高端人才是如何炼成的，到处都有大把的故事，古代也不例外。不过，相对于“高端”而言，“低端”似乎更需要重视。从人才成长和培养的角度看，没有坚实的地基，就盖不起摩天大楼。高端人才是大楼顶上的霓虹灯，引人注目；低端人才是大楼下面的柱础，默默负重。普通百姓把眼光放在高端十分正常，而专业人士则更应重视柱础和结构。无论是历史还是现实，凡是高端人才呈现辉煌的时候，其基础建设也会格外扎实。就像获得诺贝尔奖多的国度必定有出色的大学教育一样。所以，研究人才开发问题，有必要先观测基础性制度，再观测制度的运作，从上升通道和选拔机制角度辨析，自然而然就能看到高端人才的成长之道。从这个思路出发，或许能够将历史经验看得更清楚一些。

随着朝代的更替，制度也在不断更新。从战国开始，中国古代先后实行过的人才选拔制度，主要有军功制和养士制、察举制和征辟制、九品中正制、科举制等。对于改朝换代之间的制度变化，人们往往会简化其演变过程，把制度更新看作新制度取代了旧制度，并由此形成一种下意识的思维习惯，只要发现一种制度出现了较大弊端，就会想到“破旧立新”，试图用一种新型制度取代旧有制度。这种思路原则上并无错误，却省略了从旧制度到新制度之间的艰难过渡。历史告诉我们，从旧制度到新制度，是一个漫长的演变过程。在制度演变中，旧制度不是被“抛进了历史的垃圾堆”，而是被新制度所吸收改造；新制度也不是同旧制度“做最彻底的决裂”，而是承继了旧制度的大部分遗产。更常见的，是旧制度中不断渗入新因素，“借壳上市”，在保留旧形式中完成制度转化。

以察举制到科举制的变化为例。汉代实行察举，即地方长官和中央部门首长向朝廷推荐孝廉、秀才等后备官员人选。推荐时不考试，因为是否孝顺廉正无法以考试方式来衡量，才能与考试的关联其实也不大。所以，当时的推荐主要靠口碑，看舆论反映。但是，既然依赖舆论，难免有人会沽名钓誉，加上汉末战乱动荡，口碑流于清谈，不足以察人实际。于是从曹魏开始，就给察举附加考试。对于推荐到中央的人才，加考儒家经典和政务策论。刚开始附加考试时，那些推荐上来的孝廉，有不少拒绝参加。但发展到南北朝，察举附加考试逐渐成为常规。到了隋唐，干脆就从制度上废除察举，改行科举，实现了制度转换。即便如此，察举形成的推荐惯例，依然不能一下子彻底清空。唐代的科举，还带有浓厚的推荐痕迹。白居易、杜牧被人赏识得以高中的故事，就是推荐制的遗存。直到宋代禁绝“行卷”（即以文章寻求名人荐举），推荐才从科举中彻底绝迹。由此可见，从汉代到宋代，推荐的作用由强到弱，考试的作用由弱到强，经过上千年的演化，制度转变才最终完成。这种转化过程，不是简单的“替代”一词就可以说清楚的。

考试进入选官制度的过程如此曲折，其他制度演化何尝不是如此，不过是演化过程的长短不同而已。历史给当今的启示，就是不可能强制割断制度的传承。那种换个制度就能彻底改观的良好愿望，不过是一种“左派幼稚病”。发现了制度的弊端，便忙于设计出一个能够“根除弊端”的新制度，在改革的旗号下强力推行，热衷于除旧布新，最后的结果很可能是旧弊未除，新弊又来，在制度建设上翻烧饼。更糟糕的是每下愈况，看似提升到前所未有的高度，实则沦落为更加原始的抗争。虽然外表上“人生豪迈”，但只好唱一曲“从头在来”。一旦陷入频繁的“以新换旧”式制度更替迷途，人才的发现、选拔和培育，不是明里受挫就是埋下暗伤，此类教训，历史和现实均历历在目，不可不记取。

42. 没有完美的制度：制度底线和制度互补的意义

判断制度好坏不能着眼于利而要着眼于弊，追求理想高线而抛弃现实底线，寄希望于一种制度的完美无缺而忽视多种制度互为补充制衡，都会使改革南辕北辙。

在人才选拔上，任何制度都不完美。战国实行的军功制，杀敌多者奖赏重且提拔快，最大限度地调动了积极性。七雄中间，实行军功制的彻底程度，恰好同作战的勇猛程度成正比，秦国的军队由此而成为虎狼之师。但是，以功选官，功与能不一定相称，韩非就指出这一问题。他说，杀人靠的是勇力，治国靠的是智力，用能杀人的去当官，能力和岗位不配套。由此很容易联想到，水浒梁山上如果按照杀人数量排座次，黑旋风李逵应该当老大。所以，军功制（包括一切功绩政绩之类选拔依据）在激励上具有明显优势，但在智能考察上具有明显缺陷。秦在统一后迅速出现问题，与其官吏队伍以军功为主并奉行军事化管理方式不无关系。各种制度，都会长于此而短于彼，不要指望能发现一种“最完善”而没有弊端的制度。汉代的察举孝廉，其优势在于德行，其劣势在于实务。最好的情况下，孝廉可以品德高尚为人端正，却也可能固执迂腐不通时变。而与察举并行的辟除（长官直接聘任），其优势在于具体事务上可为长官分忧，其劣势在于知有上司而不知有皇帝。辟除的吏职可以干练利落刀下见菜，却往往揣摩上意随风使舵。推行科举制度的朝代里，每朝都有科举利弊的争论，也都试过各种改革，却总会兴一利而生一弊。唐代专门研究典章制度的杜佑指出：“夫立法作程，未有不弊之者，固在度其为患之长短耳。”（《通典・职官・王侯总叙》）北宋王安石变法时要改造科举制，不再考诗赋而改为考策论，苏轼反对。苏轼也承认诗赋对政务无用，但他认为“然自祖宗以来，莫之废者，以为设法取士，不过如此也”；贸然变革，按照王安石的方案考策论，由于评卷缺乏规矩准绳，很有可能带来更大弊端。在这里，苏轼提出一个十分重要的判断尺度：制度有弊端并非变革理由，有无更好的替代方案才是变革前提；不要先看新制度之利，而要先看新制度之弊，一旦新制度之弊会产生更大问题，则趁早搁置。

既然任何制度都会有弊，难道就无法遏制弊端？从历史看，解决这一难题的途径有二：一是确立制度的底线；二是多种制度互补。

所谓确立制度底线，就是汉文帝对张释之要求的“卑之毋甚高论”。北宋王安石变法失败的悲剧，一个重要原因就是理想太高。宋神宗要学唐太宗，王安石的回答是唐太宗算什么，实现尧舜三代的理想也不是难事。历史上凡是成功的制度变革，几乎全是低调的。所谓低调，就是立足于控制制度之害。例如科举制度，固然要选拔优秀人才，然而，制度设计的着眼点不在如何选出最优者，而是如何阻止恶劣者。从唐代的诗赋取士到明清的八股时文，最重要的功能是可以把不懂音韵格律对仗用典的无知之徒挡在门外。所以，科举每每出现优秀才子名落孙山的遗憾，却能把滥竽充数的南郭先生请出候选队伍，这才是制度的真正立意。直至今天，这一思路还具有实际价值。高校评教授，如果评上的十名教授有三位不错，五位稍弱，二位虽差却还是学术中人，这种评审就是可取的。如果评上十名教授有两位特别优秀，六位在不错与稍弱之间，二位根本不是学者材料的也混上来了，这种评审就需要警惕。尤其是要防止在“破格提拔卓越人才”的旗号下让投机者钻了空子。假定把人才分布从优到劣排队，最卓越的人才总是极少数。着眼于选拔最优秀者的制度，会使稍弱和完全不称职混淆；而着眼于阻挡不称职者的制度，会在稍弱与不称职之间划出界线。前一制度听起来很美，却会给投机者留下可施展的空间；后者听起来平淡无奇，却能保证低线不被打破（类似于诺奖评选的制度是真正的拔优，然而其绝不是人才管理制度。由此推论，评先进之类，在人才开发上的作用有限）。

所谓多种制度互补，就是以不同制度的组合形成互相制约。用制度来制约制度，同寻找完美的制度相比是两种根本不同的思路。历史上，任何朝代都不是单一制度选人，总会有多种制度配套。例如，战国实行军功制，存在智能考察的不足，就有以了解智能见长的养士制配套。汉代的辟除，无法形成对朝廷责任关系，就有皇帝直接聘用的征召相随。察举的孝廉不一定擅长处理政务，就有辟除和“学童试”(考小吏所用文字)作为补充。即便是科举已经占据绝对优势的明清，也还采取“三途并用”或者号称“仕途有八”。哪怕是非主流的边缘性制度，同样在制度组合中有其一臂之力。例如，历代为了稳定上中层官员，就用门荫制度来满足他们的需要。甚至包括买官卖官，也要建立起相应制度，称为捐纳。门荫和捐纳显然不大尊重德行和技能，根本谈不上人才选拔，往往为今日的人们所不齿，但考察其制度原委，依然不无启示。假如没有门荫和捐纳制度，只会把“官二代”的提拔和官职买卖由明箱变为暗箱，所以，历代都以明确的制度对此进行规范。门荫制度的执行，可以使高中级官员的子弟有个官身，但是，由门荫进来的人选，要升到高层则会受到严格限制。像汉代的苏武，就是出身于荫子，如果不是承担出使匈奴的重任则升迁无望。历代所谓卖官，多以制度限制在用钱财换取功名（如监生）或者爵位方面，很少买卖实职。用现在话说，就是交钱换取学籍或者荣誉称号，特殊情况下才是捐纳官衔。由于从唐代以后就做到官与职分离，有了官衔并非担任实职；即便能够担任实职，排队等待，则不同出身分为正途与杂途，杂途出身任职有严格限制。以清代为例，正班任用知县，“以五进士、五举人、一捐输为正班”，以保证正途的绝对优势。另外，捐纳往往还有相应的身份条件要求。有了这样的制度约束，就可以把官二代特权和富豪做官的弊端控制在“可容忍范围”。假定高调“零容忍”，在制度上彻底禁止官二代的特权和富豪的捐纳路径，那么，失去规范制度的随意操作，实际最有可能出现的情景是官二代遍地开花，富豪黑钱横行。总体而言，历史上针对制度的兴利除弊，其要点有二：单一制度的设计，要先考虑排除最差而不是选出最好；多种制度的互补，则要先考虑限弊而不是兴利。制度的作用，不过是给选出最好和兴利提供基础性保障而已。

43. 领导比制度重要：“有治人无治法”的历史经验

制度固然重要，但寄希望于制度解决一切问题，不过是放弃人的努力的无意识表现。

在人治和法治的争论中，往往由于语义的多样性而导致无法对话。如果限定词义，可以在一定程度上理直气壮地说：人治比法治重要。从历史看，不同的人会建立起不同的制度，而同一个制度在不同人的操作下效果会大相径庭，古人所谓“有治人而无治法”的本意即在于此。汉武帝和汉元帝，唐德宗和唐懿宗，明成祖和明武宗，可以把同样的制度操作出截然相反的效果。甚至同一个皇帝，勤政和倦政的不同举措，也可以把同一制度弄得七颠八倒，唐玄宗的前期和后期差别就是一个再明显不过的例子。在人才的管理中，是领导支配制度，而不是制度支配领导。

制度要靠人来制定，而主持制定的领导人的意图和导向，对制度的定位格外重要。当制度确定以后，即便制度导向明确，在实施中如果领导人的意图同制度原意相反，用不了多大气力就可以把制度的运行方向完全扭转。古代王朝选拔公卿乃至宰相采用什么方式，取决于皇帝的意图。帝制时代一直存在着皇权与相权的矛盾。治理国家需要充分发挥宰相的作用，而宰相权力过大则皇帝又不太放心。当皇帝把提防宰相放在首位时，就会用制度和程序多方限制甚至剥夺宰相权力；而当皇帝希望宰相在治理国家中发挥更大作用时，则会在同一个制度下放手让宰相处理政务。在帝制时代，大部分皇帝对宰相采取“不敢大用又不得不用”的态度，以限制宰相权力为主。为了约束宰相权力，汉魏时期的个人宰相制（丞相或相国），到唐宋演变为集体宰相制，明代朱元璋干脆取消丞相，此后形成的内阁直到军机处，在性质上不过是皇帝的秘书班子而已。但是，即便是这样的制度，现实中的宰相在不同皇帝手里截然两样。唐代建立的集体宰相制度，一开始还是六名三省长官为相，后来干脆用“同中书门下平章事”的头衔使其人数和任期更为不确定。但就是这个制度，不同皇帝会有不同用法。武则天时期，宰相之多竟然到政事堂座位不够的地步，而且任职之短又如走马灯似地更替。到了唐玄宗手里，为了更好地发挥宰相作用，宰相人数一般少到两人，相对稳定，还让其中一人实际上承担首相职能。所以，武周时期基本上没有名相（这并非是武则天不懂治道，而是女皇主政的情势造成），而开元年间的宰相个个可圈可点，从姚崇、宋璟，到韩休、张九龄，都极为出色；即便是品行不太好的张说，在玄宗的信任下正面作用也发挥得十分突出。不过，到了天宝年间玄宗倦政以后，同样是向宰相放权，却重用的是老奸巨猾“口蜜腹剑”的李林甫和流氓起家小人得志的杨国忠，制度未变，国家却由治到乱。明代朱元璋极不放心宰相，大小政务都亲自处理，后来的皇帝没有朱元璋那么旺盛的精力，才设置了内阁帮忙。内阁根本没有宰相的名分，但后来的内阁首辅却有了宰相之实。连丞相制度都被彻底废除的朝代，在严格遵循祖制的旗号下，却出了严嵩、张居正这样的权相，可见古代人与制度的关系。

也许人们会说，古代是人治社会，今天我们要建立法治社会，所以在今天制度建设比人的因素更重要。今天的制度体系，固然与古代有天壤之别，然而制度的制定和运转，却并不因为古今差别而改变其隐含的逻辑。我们今天当然要超越古人，但超越是站在古人的肩膀上攀登，而不是揪住自己的头发就能上天。制度固然重要，领导人期望什么样的制度更加重要。即便有了好的制度，领导人操作中把制度驾驭向什么方向更为关键。在人才开发中，领导之力向何处发动，无非是制度制定和制度运作两个方面。无论是制度制定还是实施，领导人的意图（不仅仅是表达出来的意图，更重要的是下意识的意图），实际上决定着制度的命运。

反过来由下向上看，对于受制度支配的组织成员来说，制度对他们的意义，在于能够为他们提供自由发挥的地盘有多大。这种自由发挥，有可能同组织的要求背道而驰。所以，需要用制度严守底线。而对在这一底线之上的人员，制度则要尽可能留出施展才能的空间。历史上好的人才管理方式，归纳起来，无非是做到三条：达理、向善、通情。所谓达理，即确立制度的正当性。古代达的是“天理”，这种天理要得到组织成员的认可。所谓向善，需要多说几句。当今有一种十分普遍的说法，即制度要立足于性恶论。这种说法不能说全错，但过于偏颇。一个制度如果仅仅强调惩恶而忽略了扬善，那么，它的最好效用是能够阻止恶行，却不能鼓励善行，许多制度纠结往往与此有关。中国古代的王朝时代，出于家天下的私念，由帝王主导的制度往往有一种防范篡逆的敌对意识，即便是开明帝王，也在开明之中潜藏着对下属的不信任，这是韩非式恶法一直能够存在的根本原因。今天的领导人应该清楚，那种相信部下、尊重部下、充分发挥部下的积极性的信念，假如只是说说而已（哪怕说得十分诚恳而且发自内心），实际却采用防范小偷的方式管理部下，就不可能有好的效果。所谓通情，实际就是合乎人性。署名苏洵的《辨奸论》宣称：“凡事之不近人情者，鲜不为大奸慝”。不管这篇文章是否真正为苏洵所作，其道理是值得肯定的。如果在人才开发中倡导不合人情的行为，就有可能是为易牙、竖刁、开方这类奸佞开道。领导人在推行制度中，能否做到达理、向善、通情，比制度本身的规定更重要。

44. 人才储备具有特殊意义：从郎官制度到馆选制度的启示

汉代的郎官和明清的庶吉士说明，即便进入高层后备队伍，并不给予提升的优待，而是提供发挥潜质的平台。制度决不能揠苗助长。

古代的各种选拔制度，主要集中于官场进口。即便是最重视科举的朝代，进士及第，也得从七品官干起。而此后的升迁腾达，则往往只有程序性规定，能不能进入高端，全看自己本事。当然，一个人的本事能否展现出来，制度提供的环境和条件要起很大作用。在这一方面，中国古代形成的储才制度具有特别意义。

先秦就出现的养士，实际就是人才储备。到了汉代，形成了人才储备的正式制度即郎官制度。汉代以光禄勋主管三署郎，郎官原本是皇帝卫队性质，不承担实际政务。实行察举制后，凡是地方推荐上来的孝廉，以及由其他各种途径取得任官资格者（包括荫子纳赀等等），一般先出任郎官，郎通廊，以在皇宫走廊值班而得名。这些郎官由此可以见识朝廷的阵仗，了解官场的规矩，接近执政的大员，熟悉政务的运作，也有可能被临时委派某一差事。经过这种见习磨炼，再二次选拔，担任地方或者部门实职（大约相当于今天的科级处级职务）。然后再通过政务表现，一级一级干上来。一旦到地方主政，就进入比较评价的圈子。汉代郡国对县、中央对郡国，都有年终综合评价式的“上计”，上计时，郡国要对所属县令排序，评出殿最，即第一（最）和倒数第一（殿），“最”是升迁的基本依据。

到了明清，随着科举制度的发展，诞生了馆选制度。所谓馆选，是在新科进士中再考试选拔一批庶吉士，到储备人才的翰林院继续学习深造，三年期满，按照结业考试成绩分授实职，称为散馆。庶吉士散馆，任职也不过七品，同当初没选上的进士品秩相同。但是，所任职务却有差别，除了在翰林院留任编修、检讨外，多为职掌监察的科道官（给事中、御史），或者是六部主事，占据要途，外放知县也带有挂职锻炼性质，提升较快。最后运行的结果，就是“非进士不入翰林，非翰林不入内阁”。

古代这种人才储备制度，在高端人才的培养上具有重要作用。从选拔制度看，绝大多数人，哪怕具有天才潜质，在进入官场后只能从下层干起，除了皇帝征召的个案，没有一进入政府就位居显要的。能否上升到高层，全看个人表现。选拔制度只能用来衡量材质，不能保证事业成就。好的制度，从来不越俎代庖。认定潜质是朝廷的事，潜质发挥是自己的事。换句话说，人才由低端向高端的成长，是一个自然过程，选拔制度要在低端把住入口，在成长过程中提供条件，而绝不揠苗助长。制度只提供舞台，戏唱得好坏，能否成为名角，全靠演员的表演。

古代的人才管理，可资借鉴，不可模仿。了解历史，是认知其中的道理，而不是复制其中的辉煌。我们不可能“山寨”出一个汉唐盛世，但可以通过学习辨析，领悟古代王朝的成败轨迹。

第十章　古代地方政府的运作

45. 吏员：基层操作政务的押司

“任你官清似水，难逃吏滑如油。”了解古代的吏员，才能了解政府下层的真正运作方式。

中国古代地方政府的运作，离不开四种人——吏、胥、幕、随。吏为吏员，是指有官员身份，但没有官员品级或者品级不高的下层办事人员。胥为胥役，是在官方衙门服役的人员，胥役不仅没有官员身份，而且多数属于贱民。幕为幕友，俗称师爷，是主官聘请的高级参谋；随为长随，是主官带来的亲信跟班。

这四种人严格意义上都不是官，但却能在官场呼风唤雨，神通广大。中国传统的官场文化，与这四种人关系极为密切。

这里先从吏员说起。

吏在不同朝代有所变化，汉代的掾属，就是后来吏员的前身，所谓掾，是主管某一事务的小头目，大概相当于今天的科长股长之类；所谓属，是由掾驱使的办事人员，大概相当于科员办事员一类。汉代的掾属是正式官员，只是级别低下而已。到了唐代，正式有了吏员之称。凡是吏员，不列入九品官职，从此“吏”和“官”有了明确区分。但吏员有编制员额，不是临时人员。吏员干得好并达到一定期限，可以通过考核，录用为有品级的正式官员，称为“杂品入流”。到了明清，对吏员的仕途限制越来越严。明初吏员尚可入仕高升，如昆曲《十五贯》里的况钟，历史上的真人就是吏员出身，九年任期满后经考核授予礼部仪制司主事，后来一直升到苏州知府。但明成祖以后，吏员在官场上的前景黯淡，即使入仕也饱受歧视，高升无望。这些人身在官府基层，操持着一方政务，影响着地面风俗，决定着吏治状况，主宰着百姓命运，甚至左右着长官决策。民谚云：“任你官清似水，难逃吏滑如油。”就是说这种现象。

吏员的称呼多种多样，唐宋的正规名称是令史，民间一般尊称他们为押司（看看《水浒》中的宋江就明白了）；明清的正规名称是典吏书办，民间一般尊称他们为提控。衙门里有明确编制的吏员，称为“经制吏”，明清大约每个州县定编为二三十名。但这种编制限制徒有虚名，往往在一个朝代开国之初确定后就不再更改，以免落下违背祖制的声名，而在实际运作中不断增加人数，致使“超编”十几倍甚至几十倍。你说他违反法律吧，他把这些超编吏员统统称为“非经制吏”，不占正式编制，不由财政供养，而且连名称也不叫作正式的典吏书办，称为“贴书”“帮差”等。据清朝初年的侯方域记载，一个普通县衙，大约有吏员上千人。看来，政府使用“雇用人员”“协理”的传统由来已久。

各朝代的吏员，有一个共同特征，就是均在本地招募。以明清为例，长官易地任职，缺乏行政经验，加上人生地不熟，任期也有限，不得不依赖吏员。“强龙不压地头蛇”，吏员祖祖辈辈居于本土，熟悉当地情形，社会根基深厚，耳目灵通，关系熟络，老于世故，盘根错节，州县长官想不依靠都不行。地方官只能依赖吏员的知识和经验从事政务，同时又必须对吏员的贪污腐化加以警惕防范。

吏员执掌政务，同古代的公文制度有关。州县与上级的往来，上级对州县的监督，主要通过公文进行。而公文拟制和收发处理都在吏员。另外，行政管理必须依赖官场惯例，尤其是明清的“则例”制度，六部不断颁发的则例连篇累牍，不厌其烦，没有一个长官能够在自己的几年任期内搞清楚，只有世代以此为业的吏员才能明了其中的窍道关节。加上执行这些则例中成文不成文的章法惯例、取舍标准、火候尺度、注意事项，使政府运行极为复杂，离开吏员就寸步难行。晚清的冯桂芬认为，“吏”正是靠“例”来操持政务的。还有，行政不可须臾离开的档案资料，也为吏员把持。例如，清代的官方钱粮册仅仅登记户名，根本不能作为征收赋税的依据。而实际征收赋税所必需的户主真实情况，则记录在吏员的秘册中，这种秘册不属于公文，连州县长官都不能看。吏员正是靠这个对长官“留一手”。

明清的吏员数量惊人，一个重要原因是公文处理和抄录的需要。以清代为例，除了正规公文“秉”和“项”以外，非正规的各种“册”和“结”往往每年达上百种，而每份公文不论正规非正规，都需要抄录六七个副本。清代州县行文有“六路通达”之称，即文件要分送府、道、布、按、督、抚各处。中国号称是印刷术的发明者，但一直到清末，公文从来不印刷，当时又没有复印机，全靠手写。吏员的基本任务，就是抄录大量公文。明清的吏员被安排在吏、户、礼、兵、刑、工六房和承发房（收发）、柬房（通信）、库房、仓房等处。其职责是草拟公文、填制例行报表、拟制案卷备忘录、填发捕票传票、填制赋税册籍等。

从唐代起，官场就对吏员多有批评。刘晏称：“士陷赃贿，则沦弃于时，名重于利，故士多清修；吏虽廉洁，终无显荣，利重于名，故吏多贪污。”（《文献通考·选举八》）明代张居正曾经指出，官场上不是吏怕官，而是官怕吏。这些人不能成事，却能败事。所以，官员往往要贿赂吏员。例如，兵部按军功任命官职，如果不给经办的吏员一些好处，他就会设法刁难。你非常正直，吏员会把记载你军功政绩的文件涂改几个关键字，然后给主管长官上报说：文件有涂改，按制度应当核对，以核对为名把你的升迁挂起来。等贿赂到手，他又对主管长官说：虽有涂改，经核实无误。所以，官场的实权在吏，欲使官不贿赂吏而不可得。顾炎武针对吏员造成的政治弊端说：“今天下官无封建，而吏有封建。州县之弊，吏胥窟穴其中，父以是传子，兄以是传弟，而其尤桀黠者，则进而为院司之书吏，以掣州县之权。上之人明知其为天下之大害而不能去也。”

(《日知录·吏胥》)清代阮葵生指出：在科举制下，官员只看文采，不习民事，所以政务必须依赖于吏。而吏员升官无望，借机贪赃受贿，勒索百姓。“朝廷兴一利，吏即随所兴者滋百弊。欲革一弊，吏即随所革者滋他弊。”而官府离开吏员则寸步难行，官有任期，而吏则父子相承；官要回避本籍，而吏则土著世守。“以他州外郡之人，为来往无常之官。官一而吏百，又皆文采声华不习民事之官，以之驾驭百十为群、熟悉风土、谙练事故、作奸犯科无赖之吏，于此能奏循绩焉?”(《茶余客话·论吏道》)但是，尽管存在许多弊端，离开了这些吏员，官府就难以运转。对这种弊端，连皇帝也心知肚明，如清代雍正就曾指出：“各部之弊，多由于书吏之作奸。外省有事到部，必遣人与书吏讲求。能饱其欲，则援例准行；不遂其欲，则借端驳诘。司官庸懦者，往往为其所愚；而不肖者，则不免从中染指。至于堂官，事务繁多，一时难以觉察。且既见驳稿，亦遂不复生疑。以致事之成否，悉操书吏之手，而若辈肆无忌惮矣。”(《清朝文献通考·刑四》)

在正面意义上，吏员对长官是否依法办事，从条文规范角度形成约束。吏员在公文中上下其手，有一个例子非常典型，清朝南通州有一位刑房书吏，在受理一个乡绅报案时，看到所失不多，便对盗贼起了恻隐之心，在报案的状词“由大门而入”的“大”字上加了一点，变成了“由犬门而入”。大门明火执仗撞进来是强盗，而狗洞偷偷摸摸爬进来是窃盗。强盗罪必处死刑，而窃盗罪计赃论罚。按清朝的规定，办案只能依据状词而不是当事人陈述。这样一改，这个书吏就救了盗贼一命。吏员正是凭借自己在公文处理中的优势，积善者救人于水火，作恶者置人于死地。

吏员名声不好，与他们的收入途径有关。从明朝到清初，吏员每年有六到十两银子的薪水。这笔钱不属于俸禄，而是类似于伙食补助，薪水一词，含义就是柴火茶水补贴；而俸禄一词，则是皇上恩典赐福。官员拿的是俸禄，吏员只能领薪水。康熙元年起，所有吏员薪水全部取消，基层供养吏员的费用从此不列入国家预算，由所在衙门“自筹经费”，吏员的实际收入来自“陋规”。关于明清的陋规，有许多文章没有说清楚，有些人把陋规当作贪污受贿，甚至称其为“黑金政治”，其实不然。“陋规”虽然拿不上桌面，不是光明正大的正式财政收支，但也有章法规矩，不能乱来，比如，吏员发出一份纳税通知，照例要由纳税人支付一定的鞋袜跑腿费、车马费、茶水钱等等。这种规费的钱数是有“行规”的，不能漫天要价。所以，陋规既不是黑色贿赂，也不是白色收入，而是介于黑白之间的灰色地带。后来，雍正年间实行耗羡归公，把陋规中最大来源火耗规范化，使其成为政府收支中数额巨大的“预算外”补充。对于老百姓来说，“税”的压力并不大，而“费”是更直接的负担，没有章法的“乱收费”，则是最大的祸害。因此，政府“爱民政策”下的轻徭薄赋，虽然“皇恩浩荡”，小民却收不到多大实惠；而吏员经手的规费，则切切实实害民不浅；吏员和衙役串通起来，以执行公务为名的敲诈勒索，是老百姓最大的祸害。

吏员处理公文，同老百姓直接打交道不多，那些规费收入的直接经手人往往是跑腿办差的衙役。衙役收到陋规不能独吞，而要同吏员重新分配。清代的一般规矩是纸笔费由吏员独享，其他陋规例由吏员和衙役分享。凡是同老百姓打交道的事项，每项都要收费。但收费有惯例额度和较为固定的名称，各地不一。陋规的收入为朝廷认可，不算贪赃。州县长官也很清楚这一点，他们一般不主张禁绝陋规，但不允许超越习惯认可的数额。

吏员贪赃，是指在陋规之外贪污或勒索。书吏是衙门里的贪赃好手，花样百出。如借报销索贿经手人，借司法勒索当事人，征税中的调包（调换税收的银两，在成色、分量上牟利），税票中的重号和大头小票（一张税票两次使用为重号，存根数额小而发票数额大为大头小票）、催比中的贿赂（同现在收滞纳金有些类似，但不入国库只入私囊），这些统统被称为浮费。“浮”就是正常规费之上的附加。值得注意的是，书吏为了贪赃方便，往往形成一个巨大的运作网，牢不可破。以县衙为例，六房书吏不仅包办行政事项，而且普遍与县城的各个粮行老板、保歇（官方认可的保人公证人兼客货栈主）勾结，用他们作中介，甚至让自己的父兄家人当保歇，开店铺。所有要到衙门打官司、交赋税、办理事务者，一般都要通过这些保歇。通过他们就一路绿灯，不通过他们则处处刁难。其油水之大，致使继任者要向退役书吏付款买缺，称“缺底”或“顶头银”。有的特殊岗位“顶头银”达上千两银子。黄宗羲称：“京师权要之吏，顶首皆数千金，父传之子，兄传之弟，其一人丽于法后而继一人焉，则其子若弟也。不然，则其传衣钵者也。是以今天下无封建之国，有封建之吏。”（《明夷待访录·胥吏》）一直到清朝灭亡，这一问题始终没有解决。

46. 衙役：狐假虎威为患地方的公差

同吏员相比，衙役才是最黑的。这些政府的“雇用人员”是以公权牟私利的行家。警匪一家是最常见的问题。所以，在历史上衙役往往被看作“准罪犯”。

古代的衙门，少不了一班跑腿办事的勤杂人员，这些勤杂人员同现在的工勤人员不一样，他们手里执掌着行政权力，实际上是当时执法和行政的主力。在明代，他们身穿皂青色长袍，属于贱民，故称皂隶，也称胥役，即后人所说的衙役。到了清朝，帽子改为一半红一半黑，古装戏上县官一升堂，两边一帮戴红黑帽持水火棍的人员齐声呐喊“威武……”这就是衙役。

衙役的地位低于吏员。吏员尽管没有品级，但好赖还是官方人员，而衙役根本没有官方身份，只属于为衙门服役性质。老百姓尊敬一点则把他们称为公差。这些人负责衙门的站堂、缉捕、拘提、催差、征粮、解押等事务。以清代州县衙门为例，胥役分为四班，即皂、捕、快、壮班（也有学者称为三班衙役，或不包括身份不同属于良民的壮班，或捕快合为一班）。各班均有班头，或称头役、都头，统领本班。《水浒传》中的武松，就在阳谷县担任这种班头。四班之外，还有零星杂役，包括门子、禁卒、仵作、库丁、仓夫、斗级（收粮掌斗）、轿夫、伞扇夫、鸣锣夫、吹鼓手、灯夫、更夫、伙夫、马夫、铺兵（邮驿）等。

衙役也有定额编制。如清代大兴县衙役定额为：门子 2 人，皂隶 16 人，马夫 12 人，禁卒 8 人，轿夫与伞扇夫 7 人，灯夫 4 人，库卒 4 人，仓夫 4 人，民壮 50 人。但实际上的衙役数量，都大大超过了编制。一般来说，一名正式衙役，手下往往有三四名“白役”。通常，小县有衙役数百人，大县有上千人甚至数千人。据清代曾任四川巴县知县的刘衡记载，他到巴县上任时，衙役竟有七千人之多。许多人以为古代官衙机构简练，实际上往往是不计算吏员和衙役造成的误解。而且这些人统统不由财政开支，所以是能收多少钱就养多少人。

衙役数量之所以悬殊，在于衙役的执行职能。古代官员是“君子”，动口不动手，抄抄写写的事都属于书吏，跑腿动手的事全交给衙役。皂班的职责是前驱护卫和仪仗，知县升堂办案时执行刑讯拷笞。快班又分为马快和步快，职责是巡夜、传唤、逮捕，问案时到庭供长官驱使，平时派出到乡下催征赋税。捕班的职责是侦查案件，缉捕盗贼，也同快班一道巡夜，押运官银时充当护卫。壮班的职责是守卫粮仓金库和监狱，护送官银或罪囚，也充当杂差。门子掌管仪门（衙门里正门与正堂之间的门叫仪门，正官升堂办公，须关闭仪门），叫升堂，喊人犯，掌管发令竹签（注意：衙役中的门子同长随中的门房不同，衙役中的门子管的是正堂之门，而长随中的门房管的是外门传达和内衙出入）。其余零散衙役的职掌各如其名。《水浒传》中的正面人物朱仝、雷横，反面角色董超、薛霸，都是衙役。

衙役的身份分两种：民壮、库丁、斗级、铺兵为良民，皂、快、捕、仵、禁卒、门子为贱民。这些贱民同倡优奴婢同列，其中捕役社会地位最低，几乎被看作准罪犯。贱民衙役包括他们的子孙都不能参加科举（限制三代以内），也不准捐纳买官，为士绅所不齿，有些家庭严禁子孙从事衙役。但是，除了官户和缙绅外，其余百姓都要服役纳税，而衙役可以豁免或逃避徭役，在官府办事还可以照顾本家和三亲六故。各种衙役在清朝可以得到三至十二两年薪，平均每天薪水在两文左右，相当于一顿饭钱。所以，一干吃不上饭的闲人无赖，往往去当衙役。况且衙役根本不靠薪水生活，他们的主要收入来自陋规。多数衙役的规费，属于书吏和衙役分享。只要派差，就能得到规费或贿赂（例如，一桩杀人案，从勘查现场到审结案件，各种规费可达数万钱）。一般州县也认为，衙役办差向当事人收取的车费驴费鞋袜费和饭费茶水钱都属于“正常收费”，只是不准借机勒索敲诈。捕役由于发案不规律，没有案件时就没有额外收入，所以主要从娼妓户和宰牲户中收取陋规。这样一来，小地方的捕役，缺乏规费来源而生活困窘得像乞丐，但大城市的捕役，则因规费花样繁多而过得十分滋润。有的衙役，这种陋规收入一年甚至有数千上万两银子。

除陋规外，衙役会利用执行公务之便勒索讹诈。衙役的贪赃，主要通过强行代交赋税而要求事主加息偿还。对衙役来说，拿上征税的收据或传唤的传票，就等于拿上了勒索通行证。不但可以理直气壮地收取半合法的规费，而且可以借机威胁榨取当事人。这帮家伙，没事也能生出事来，手里有了官方传票，当事人稍不顺从，就撕破自己的衣服，扯掉几个扣子，心黑一点的再朝自己鼻子给上不轻不重的一拳头，脸上挂点血，然后就诬陷当事人妨碍公务，拒捕拒传，一根铁链把你锁起来，等你掏钱消灾。上了大堂打板子，塞了好处就打“出头板子”，看起来打得皮开肉绽，实际上板子的另一头是打在地上，响动虽大却受伤轻微，几天就能痊愈；不愿掏钱的则打“实心板子”，声音动静还没有“出头板子”大，却能把人打得伤筋动骨，能让你一个月下不了床。清朝方苞在《狱中杂记》中称：同样三个人受刑，一人花了三十两银子，被打伤骨头，躺了一个月才好；另一个人花了六十两银子，打伤的是皮肉，二十多天恢复；第三个人花了一百八十两银子，挨打的当天晚上就能像平常一样散步。方苞问这些衙役：既然都花了钱，为什么挨打轻重不一样？衙役回答说：如果一样，谁还会多给钱？所谓班房，不是正式监狱而是衙役的拘留所，平民进了班房，就成为任凭衙役宰割的对象。所以，不管地方政府有什么公务，哪怕上面的政策再好，到衙役手里也能生出捞钱的法子来。正因为如此，古代的清官，对待政务格外谨慎，即使为民做好事，也要多个心眼，处处提防，多一事不如少一事。古代特别看重清静无为，奥妙就在这里。

清朝有许多笔记小说记录了衙役蠹民害政的事例。根据姚元之的《竹叶亭札记》载，嘉庆时期的礼部侍郎罗国俊在奏章中描述湖南州县在司法办案时敲诈百姓的现象说：“以讼事入乡，先到原告家索需银两，谓之‘启发礼’，次到被告家，不论有理无理，横行瞒诈，家室惊骇，餍饱始得出门，由此而入族保、词证各宅，逐一搜求，均须开发。迨到案时，不即审结，铺堂散班之费，莫可限量。盖各有所挟，积渐之势使然也。是以贼盗蜂起，不敢申报。报则枉费银两，不为缉获。获则受贿放去，毫无裨益。谚云：‘被盗经官重被盗。’”同书还记载了御史程次坡上奏四川州县办案中的“贼开花”。这种讹诈方式的具体做法是：如果有人报盗窃案，衙役就有了勒索的种种手法。首先是勘查现场，如果不给辛苦钱“启发礼”，就会把被盗之家折腾得一塌糊涂，然后再打听附近资财殷实而且没有顶戴、在官场说不上话的富户，指为窝赃，一纸传票，拘押索钱，每报一案，牵连数家，这就叫“贼开花”。这些被讹诈的乡民拿出钱来，七八千至十几千不等，填饱了衙役的欲壑，才能释放回家。这笔钱就叫“洗贼名”。一家遇盗，数家受累。即使破案，被盗财物也追不回多少。有一个清廉正直的鲁典史（典史是主管捕快的吏员头目，相当于今天的公安局长），看不惯这种行径，在自己的大堂上专门挂了一副对联，称：“若要子孙能结果，除非贼案不开花。”

衙役和吏员身份不同，但是，在衙门里，书吏办理文书，胥役具体操作，二者密不可分。所以，吏胥的管理以及其中的弊端，人们往往合并论述。明清时期有不少人对吏胥操持政务的现象进行过批评。例如："仕官如历传舍，而胥吏坐长子孙；仕官素不练习，而胥吏皆谙熟典故。朝廷一举一动，必不能出此辈之手。天下者，胥吏之天下耳。"（吕留良：《四书讲义》）"天下惟胥吏最难安顿。后世上自公卿，下至守令，总不能出此辈圈子。刑名簿书出其手，典故宪令出其手，甚至于兵枢政要，迟速进退，无不出于其手。使一刻无此辈，则宰相亦将束手矣。"（梁章钜：《制义丛话》）

吏胥把持官府，从好的方面讲，便于政务。"吏胥生长里巷，执事官衙，于民间之情伪、官司之举措，孰为相宜，孰为不宜，无不周知。他日见诸施为，当更有条而有理。"（陈宏谋：《在官法戒录》卷二）从坏的方面讲，易于舞弊。"国朝胥吏，偷窃权势，舞弄文法，高下在心。实以黑衣下贱之流，而操天下之大柄。"（陈登原：《国史旧闻》第 3 册，中华书局 2000 年版）由于胥吏大权在握而约束甚少，有官之权而无官之责，控制措施相对薄弱，因之弊极大而利极小，上害长官，下害庶民，实为古代政治一大患。

47. 师爷：长官的幕后操控者

师爷在官场上有着特殊作用，在一定意义上，长官不过是前台表演的木偶，师爷才是真正的幕后牵线人。

明清时期的“绍兴师爷”远近闻名，了解他们在官场上的身份地位、作用影响，对于掌握传统地方政府的实际运作机制是很有帮助的。

师爷是通俗叫法，由于晚清的师爷多出于绍兴八县，所以被民间冠名。实际上，各地都有师爷，比如清代陕西唯一的状元王杰，就当过师爷，而且他能在科考中夺魁，据说同当师爷的经历大有关系。

王杰是韩城的一介穷书生，幼年丧父，为了谋生，以文养母，走上了师爷这一道路。古代读书人生活困难，补贴生活的基本手段离不开文章。最一般的做法，就是“开馆”。那些在私塾任教的夫子们，基本上都是考中秀才、取得初级功名的贫寒之士。鲁迅在《从百草园到三味书屋》一文中对“先生”沉醉于“文章”的绘声绘色描述，就形象地点出了他们的谋生之道。而一旦考中举人，获得中级功名，“半工半读”的门槛就可以抬高许多，最普遍的情形，就是出任师爷，这样既可熟悉官场，又可不误学业，一举两得。王杰中举后，曾多年在江浙担任尹继善、陈宏谋的师爷。这两位分别多年担任两江总督和江苏巡抚，是乾隆年间政坛的大腕。他们给皇帝的奏章，都是王杰起草缮写，一来二去，乾隆皇帝也熟悉了王杰的笔迹。到王杰参加殿试后，本来考官进呈的顺序名列第三，皇帝看着卷子眼熟，再一询问，加上考虑清代多年以来状元都出自南方，陕西无一魁首。为了笼络北方人，大笔一挥，钦点王杰为第一，事见《清史稿·王杰传》。后来，王杰当了多年内阁大学士。

民间传说，王杰当上状元，山东举子不服气，给他出了个上联求对。曰：“孔子圣，孟子贤，自古文章出齐鲁。”王杰略一思索，对出下联：“文王穆，武王昭，尔今道统在西秦。”人皆折服。当然，此事于史无徵。不过，这类轶闻正是文化的一种表现。

王杰是师爷里的佼佼者，多数师爷达不到这个地步。师爷的正规名称是幕友，又称幕宾、西席，是受地方长官聘请，帮助处理各种事务的无官职佐助人员。清人韩振《幕友论》称：“内掌曹郎之事，以代六部出治者，胥吏也。外掌守令司道督抚之事，以代十七省出治者，幕友也。是皆上佐天子以治民事，而其迹不见者也。”（《皇朝经世文编》卷二五）担任过多年师爷的汪辉祖也说：“今之吏治，三种人为之，官拥虚名而已。三种人者，幕宾、书吏、长随。”（《学治续说·用人不易》）在地方政治中具有极为重要的作用。

幕友是州县官以个人名义聘用的私人顾问，聘金出自私囊，与官府无关。幕友的办公地点在内署或私宅，属于“幕后操作”，不能公开“升堂”，甚至不能上正衙，不能进签押房，所以才有“入幕之宾”的成语。电视剧中县官升堂办案，师爷在一边指手画脚，那是胡扯戏说，当不得真。师爷在官府中，不是“主”，而是“宾”，地位极尊，主官也要以礼相待。他们以地方长官私人顾问的身份，履行政务咨询的职责。长官可以对自己的部下呼来喝去，甚至鞭笞痛责，但对幕友必须低声下气，虚心求教。甚至包括长官给幕友支付的报酬，也只能叫作“聘礼”或“束脩”，而不能叫作“俸禄”，更不能看作“薪水”。逢年过节，长官必给幕友送礼；请客吃饭，幕友必在宾位；平时用餐，幕友先动了筷子，长官才能夹菜。所以，幕友称主官为“东翁”或“大人”，主官称幕友为“西席”或“先生”。幕友所用的“友”字，是非常传神的一个字眼。“‘友’于义何居？曰以属则僚，以德则师，以礼则宾。僚近乎卑，师过于尊，宾介乎尊与卑之间，故曰‘友’者云尔。”（王衍梅：《绿雪堂遗集》卷十七）掌握了这些特点，就不难理解为什么有的师爷如左宗棠（曾给骆秉章当幕友）能趾高气扬，有的师爷如辜鸿铭（曾给张之洞当幕友多年）能特立独行。

清代关于幕友的著作很多，其中最有名的是汪辉祖的《学治臆谈》系列和《佐治药言》系列。汪辉祖是浙江萧山人，23岁起给自己的舅舅、金山知县王坦之“佐书记”，开始其幕友生涯，陆续侍奉过16位府州县官，当幕友达34年之久。直到中了进士，自己也当了知县，才算结束了幕友经历。所以，他关于幕友的著作，来自于自己的切身体会和经验，富有真知灼见。当官者要从他的书中了解幕友行为，佐幕者要从他的书中了解官场奥秘，所以他的书被誉为“宦海舟楫”“佐治津梁”，清末在衙门几乎人手一册，至今仍是研究师爷的重要资料。

清代地方官府的幕友，每一州县少则二三人，多则十数人，在全国州县衙门中的幕友不下万人，大致相当于朝廷命官的人数。幕友根据专业分工不同，有刑名，协理司法；钱谷，协管财政；书启，负责通信；征比，具体督察赋税业务；账房，管理簿册；硃墨，掌管红黑两种毛笔誊写；挂号，负责登记公文事项。其中刑名师爷、钱粮师爷和书启文案三者历史最长，不可缺少。他们通过师徒传承的长期学幕，属于司法、财政、行政文书方面的专门人才。长官对幕友以师礼相待，所付“束脩”每年从几十两到几百两不等，最高可达两三千两。

幕友行使权力的方式很特殊，因为他们没有官方身份，所有的举措都只是向地方长官的建议而已，长官是否识才，能否纳谏，对于他们至关重要。所以，不仅长官选幕友，幕友也会选长官。这种双向选择，倒也符合聘任的本来含义。以刑名师爷为例，州县遇到案件，首先是交给幕友端详，而幕友既不能到现场进行勘探，又不能登堂参与审讯，全靠推敲案件的相关文书和证物提出意见。在这种限制下，幕友就要发挥自己的推理本事，辨析各种词状的欺诈和疑点，指出其中的矛盾和抵牾，确定办案的方向和突破口，为长官审理提供方案。如果说福尔摩斯在西方创立了不到现场的推理破案方式，那么中国的师爷早就这样做了。钱粮师爷和书启文案也不能小觑，赋税是最容易出问题的地方，这就需要师爷明察秋毫，巧为周旋，审核文件，监督票据，查考记录，发现弊窦。文书的遣词造句，甚至语气如何，都同长官的前程紧密相关，更是不能马虎。师爷在这些方面，有着巨大的作用。例如，曾国藩在平定太平天国的苦战中，上奏文书中的“屡战屡败”，被师爷巧妙地改为“屡败屡战”，顺序一变，含义悄然随之而变，成为文案师爷的一段佳话。

除了为长官提供咨询以外，清代幕友还有一个重要作用，就是“佐官检吏”，监督和控制六房书吏。清代的官员大多是科甲出身，缺乏做官经验，只有依靠幕友辅佐，才能对付得了那些油条猾吏。“谚云：清官难逃猾吏手。盖官统群吏，而群吏各以其精力相与乘官之隙。官之为事甚繁，势不能一一而察之，唯幕友则各有专司，可以察吏之弊。”（汪辉祖：《佐治药言·检点书吏》）所以，幕友往往被主官“倚为左右手”。按照汪辉祖的说法，吏与幕的价值趋向、行为方式刚好相反。吏借政务而生事，幕以安民来保官。“总之，幕之与吏，择术悬殊，吏乐百姓之扰，而后得藉以为利；幕乐百姓之和，而后能安于无事。无端而吏献一策，事若有益于民，其说往往甚正，不为彻底熟筹，轻听率行，百姓必受累无已。故约束书吏是幕友第一要事。”（同上）既然要靠幕友来监控吏员，所以，幕友不得分享陋规，不得参与到任何一种有可能与吏员通统作弊的政务之中，甚至不能同吏员在一起吃饭饮酒，私下往来。刑名师爷不能参与捕役事务，钱粮师爷不能接触实际钱财。

相形之下，清代的吏胥恶名昭彰，但幕友的声誉则要好得多。当然，其中也有一些贪赃不法分子，甚至有同吏胥串通贪赃受贿的。但总体说来，幕友多数比较清廉。其中的原因主要有三：一是幕友同吏胥不一样，他们是真正的聘任制，有着“人才市场”的制约，一旦某个幕友名声不佳，就等于自己断送了在这一行当的生路，辞幕以后无人再会聘他。尤其是如果有某位主官因为幕友的不当行为丢了官职，这个幕友的职业生涯就等于终结；二是幕友本身有自己的前程追求，他们往往不满足于一辈子当幕友，或科考，或捐纳，他们最后多数会正式进入仕途，所以不能在为幕期间败坏了自己的前程；三是幕友的待遇优厚，可以做到生活无忧。多年为幕的汪辉祖承认，自己正式当了知县以后，收入还不如过去当幕友时。这三条加在一起，保证了幕友队伍的基本素质。后人对绍兴师爷的丑化，有多种原因，本文不赘。

48. 长随：无官身而理公务的私人亲信

长随是长官的亲信，主要用来监控吏胥，然而长官对长随也不得不防。长官与长随的关系，是传统官场的一个缩影。

古代的官员到一方任职，人生地不熟，面对着队伍庞大、精通各种关节、操持当地政务的六房书吏和四班衙役，必须打点起十二分精神认真对付。弄不好，一旦长官的举措妨碍了这帮人的财路，他们就会在不知不觉中给长官下个套，挖个坑。所以，任何官员，少不了警戒提防之心。而长官用来监督牵制吏胥的，主要是长随和师爷。

按照赵翼《廿二史札记》“长随”条的考证，在明代，长随本来是那些跟随大宦官的小宦官，就像金庸小说中冒充小宦官跟随海老公的韦小宝那样的角色。到了清代，长随成为对官员跟班的俗称。“今俗所谓长随，则官场中雇用之仆人，前明谓之参随。”清代长随的身份，是长官的私人雇员。这种私人雇员，有可能是来自家庭仆人，但更多的是来自熟悉行政情况的官场油子。因为家仆虽然忠心耿耿，但多数不了解官场运作。而长随需要熟悉衙门的各种成文不成文规矩，尤其是要熟悉拿不上桌面的行情惯例。比较老实的官员，往往依赖于同年相好、乡梓前辈以及座师恩公给他们物色和推荐长随。长随的好坏，对官员影响极大。

长随是官员的私人跟班，俗称二爷。州县长官到任时，要提防书吏和衙役，可以依赖的就是长随和师爷。师爷的主要作用在于出谋划策，长随的主要作用在于监控吏胥和行政执行。他们虽然被吏胥尊为“先生”和“二爷”，但不属于官方雇员，仅仅对主官个人负责。由于长随是事务性的，所以比师爷人数多，一个知县，长随少则一二十，多则上百人。如果说吏胥构成官府的“外衙”，师爷和长随则构成主官的“内衙”。从汉代开始的“中外朝”格局，至此渗透到政权末梢。

长随中最主要的，有负责把门的司阍（或称门上），负责文书签转的签押（或称稿案），负责保管和使用印信的用印，以及司仓、管厨、跟班等。有的还有公堂值勤的值堂，负责通讯的书启等。由于长随是主官的亲信，而主官往往要提防六房书吏，所以，时间一长，长官就会委派长随掌管书吏事务，如负责税收的钱粮，负责监所的管监，负责驿站的管号，负责杂税的税务等。长随的职能有：监督进出衙门的人员，通禀来客来访，充当州县长官与书吏衙役的中介，收发公文并监督公文处理程序中的各个环节，监督案件审判的准备情况，参与案件审讯，处理审案琐务，监督狱卒和囚犯，查看税册，解送税款和漕粮，监管仓库和驿站，办理相关杂差等。“长随非在官之人，而所司皆在官之事。”（徐栋辑：《牧令书》卷四）总之，长随一方面协助处理日常公务，以减轻长官负担；另一方面协调衙门各部门各类人员的关系，监督吏胥运作。长官须臾不可离开长随，他们没有“上下班”的时间区分，这也是长随得名由来。

官员任职期间，对内，要依赖长随对书吏和衙役形成监督牵制；对外，要靠着长随建立关系网络。一般来说，长随是主官信赖之人，主官用长随监督书吏衙役，执掌官印，处理公事，同时由长随负责地方的士绅联络和官府的迎来送往。尤其重要的是，对于存心腐败的官员来说，没有一个中高级官员会亲自受贿，长随的贿赂中介人角色不可缺少。所以，凡惩治腐败，往往要从长随身上打开缺口。

长随的性质，决定了他们对长官的忠诚程度至关重要。尽管作为私人雇员，长官对长随要比吏胥更信任，但是，也不得不提防着长随坏了自己的事。而且长随坏事，要比吏胥对官员的伤害更大。所以，头脑清醒的主官，同长随之间的关系是十分微妙的。纪昀在《阅微草堂笔记》中记载，长随的职业神叫作钟三郎，这位纪大才子判定这个钟三郎就是“中山狼”的谐音，由此也可看出官员对长随的一种下意识恐惧。相比于吏员的职业神萧何而言，钟三郎神秘而可怕。官场经验极为丰富的汪辉祖，在谈到衙门群体品德时，把幕宾排在前列，吏员次于幕宾，而对长随简直深恶痛绝，称其“罔知义理，惟利是图，倚为腹心，鲜不偾事，而官声之玷，尤在司阍。呜呼，其弊非说所能罄也。”（《学治续说·用人不易》）

明清还有一种十分值得注意的现象，就是票号推荐长随。票号玩的是钱，官员玩的是权，权与钱的结合点就是长随。明清的票号，不但向商家放贷，而且向官员放贷。不但向现任官员放贷，而且向候补官员乃至延伸到在读秀才放贷。这种贷款的收益如何，全靠票号掌柜的眼力。穷秀才没钱读书，那些慧眼识英雄的票号掌柜，把宝押在穷秀才的未来发迹上，资助他读书科考。这种资助不算放贷，当事人如果一辈子出不了头，资助就打了水漂。至于候补官员以及现任官员的放贷，那是没有这种风险的，所以就纯粹是生意。票号放款给某人捐个官职，帮某个现任官员渡过银钱难关，这是铁定有收益的。而收益之一，就是票号有权给当事人推荐个长随。这样的长随，自然就成为官商勾结的关键环节。

长随的自身利益，同吏胥有一致性。他们的收入，主要是同书吏衙役分享规费。有些规费属于长随独占，如门包。另外，长随常常从所经手的款项中克扣一定比例，替长官收礼时收取“小费”等，这些都有惯例可寻，只要不出格无妨大局。州县用长随监督吏胥，而长随与吏胥勾结往往又是他自己的收入来源。所以，长随又经常同吏胥串通起来欺骗长官，这才是长随可怕的地方。为了防范长随与吏胥勾结，有的州县长官甚至规定：长随不准与吏胥交游、饮酒和赌博，一旦发现哪个长随同六房书吏及四班衙役称兄道弟，肯定立马让他走人。即便长随没有丝毫不端，除了个别亲信家人，一般也只能跟随长官一任。这固然有官员防范长随熟悉了官场弊窦而为害概率增大的因素，也有长随自己见好就收的因素。有些从一开始就心怀鬼胎的长随，往往使用虚假身份名字。跟随的长官任期一满，马上到另一地方换个姓名重新开张。正如《阅微草堂笔记》卷七所说："州县官长随，姓名籍贯皆无一定，盖预防奸赃败露，使无可踪迹追捕也。"有些长随，在跟随主人的同时，暗中记录主人的种种隐私，厚道一点的用这个来防身，奸邪一点的用这个来讹诈主人。当然，多数长随对主人是忠诚的，但长随出事对官员的伤害太大，所以，官员往往会把长随的鄙劣作为前鉴。纪昀的《阅微草堂笔记》记录了许多长随害人的例子，实际上就是出于这种心理。从明清的官场推断，大多数长随还是能得到官员信赖的。否则，长随与吏胥之间的监控关系就难以运作。

在长随中，门房和签押是关键岗位。所以，清朝何耿绳强调："司阍者须老成压众之人，官给门房谕帖，凡署内家人，非官差不许任意出入。"（《学治一得·学治述略》）其他长随，各有自己的职业规范。长随自己的抄本《各行事件》（即经验总结性的工作手册）称："司阍之职，要知世道交接，律例稿案明悉。言语吩咐，不亢不卑。事分缓急，量其轻重，察其大小，须要井井有条。如官府新到任，即细查阅地界远近、村庄疏密、民情风俗，熟悉于胸中。土役何人妥当，士绅谁兴利除弊，访查明确，以备不时之用。"《外官新任辑要》亦有详细说明。稿案、钱漕要弄清与户房刑房打交道的种种关节，负责对外联络的执帖更要弄清与长官有关的各种外围信息。所谓执帖，就是专管"名片"的公关秘书。他们要收集当地的乡绅情况，了解上司衙门的往来关系，编制出长官必须送礼道贺的“百寿图”，以备联络。掌管印信的签押，则更是政事中枢。汪辉祖称，门房和签押这两个位置在长随中最为重要。“此二处官之声名系之，身家亦系之”（《学治臆说·用长随之道》）。陋规中的“心红银”，本义就是盖印的用费。至于贴身跟班，主要是打点伺候主官个人，则比门房和签押的重要性要稍逊一筹，但也得聪明伶俐。“虽在门、印之后，而未曾在办公之列，亦须练达勤能、聪明机警之人方能胜任。”

袁枚《子不语》中记载，淮宁知县华雍，派长随张荣去接待一名钦差。张荣花了上百两银子安排公馆，结果钦差临时调整行程没来，刚好江西巡抚阿思哈被革职拿问路过，张荣就自作主张代表长官接待了阿思哈。事毕回来报销，华雍骂他多事，师爷指出张荣的做法不过是为报销找个名目。但钱已经花了，只好认账。不料，阿思哈重新起复后担任山西巡抚，华雍恰好又转任山西。当年阿思哈落难时张荣的接待，成为后来华雍飞黄腾达的契机。

鸦片战争后的中英谈判中，钦命大臣是伊里布和耆英，而实际谈判人员是伊里布的跟班家人张喜，他给后人留下了记录其谈判经过的《抚夷说帖》和《抚夷日记》。按照史家的说法，张喜在接待应酬、察言观色方面精明强干，对外交事务却懵懂无知，他一心想的是为主人争面子，善于打小算盘，却把非常重要的领事裁判权拱手相让。张喜的经历，一方面反映出长随的重要，另一方面也反映出旧体制的落伍。

传统中国的州县衙门，在长官的统领下，吏胥幕随四种人物，互相牵制，形成一种十分精细的运作方式。由此而生成的官场习俗和惯例，对社会产生了重大影响。简单地肯定或者否定，都失之于肤浅。掌握其中的窍道，则能够对“中国式管理”有更深入的思考。

推荐作者得新书！

博瑞森征稿启事

亲爱的读者朋友：

感谢您选择了博瑞森图书！希望您手中的这本书能给您带来实实在在的帮助！

博瑞森一直致力于发掘好作者、好内容，希望能把您最需要的思想、方法，一字一句地交到您手中，成为管理知识与管理实践的桥梁。

但是我们也知道，有很多深入企业一线、经验丰富、乐于分享的优秀专家，或者忙于实战没时间，或者缺少专业的写作指导和便捷的出版途径，只能茫然以待……

还有很多在竞争大潮中坚守的企业，有着异常宝贵的实践经验和独特的洞察，但缺少专业的记录和整理者，无法让企业的经验和故事被更多的人了解、学习……

对读者而言，这些都太遗憾了！

博瑞森非常希望能将这些埋藏的"宝藏"发掘出来，贡献给广大读者，让更多的人从中受益。

所以，我们真心地邀请您，我们的老读者，帮我们搜寻：

推荐作者

可以是您自己或您的朋友，只要对本土管理有实践、有思考；可以是您通过网络、杂志、书籍或其他途径了解的某位专家，不管名气大小，只要他的思想和方法曾让您深受启发。

可以是管理类作品，也可以超出管理，各类优秀的社科作品或学术作品。

推荐企业

可以是您自己所在的企业，或者是您熟悉的某家企业，其创业过程、运营经历、产品研发、机制创新，等等。无论企业大小，只要乐于分享、有值得借鉴书写之处。

总之，好内容就是一切！

博瑞森绝非"自费出书"，出版费用完全由我们承担。您推荐的作者或企业案例一经采用，我们会立刻向您赠送书币1000元，可直接换取任何博瑞森图书的纸书或电子书。

感谢您对本土管理原创、博瑞森图书的支持！

推荐投稿邮箱：bookgood@126.com

推荐手机：13611149991

1120 本土管理实践与创新论坛

这是由 100 多位本土管理专家联合创立的企业管理实践学术交流组织，旨在孵化本土管理思想、促进企业管理实践、加强专家间交流与协作。

论坛每年集中力量办好两件大事：第一，“**出一本书**”，汇聚一年的思考和实践，把最原创、最前沿、最实战的内容集结成册，贡献给读者；第二，“**办一次会**”，每年 11 月 20 日本土管理专家们汇聚一堂，碰撞思想、研讨案例、交流切磋、回馈社会。

论坛理事名单（以年龄为序，以示传承之意）

首届常务理事：

彭志雄　曾伟　施炜　杨涛　张学军　郭晓
程绍珊　胡八一　王祥伍　李志华　陈立云　杨永华

理事：

张再林　卢根鑫　刘文瑞　王铁仁　周荣辉　罗珉
房西苑　曾令同　黄民兴　陆和平　孟广桥　宋杼宸
张国祥　刘承元　叶兴平　曹子祥　宋新宇　吴越舟
吴坚　杜建君　戴欣明　仲昭川　刘春雄　刘祖轲
张茂泽　段继东　陈立胜　梁涛　何慕　秦国伟
贺兵一　罗海容　张小虎　陈忠建　郭剑　余晓雷
黄中强　朱玉童　沈坤　阎立忠　张进　丁兴良
朱仁健　薛宝峰　史贤龙　卢强　史幼波　黄剑黎

叶敦明　王　涛　李文才　王　强　张远凤　陈　明
廖信琳　岑立聪　方　刚　何足奇　周　俊　杨　奕
孙行健　孙嘉晖　张东利　郭富才　叶　宁　何　屹
沈　奎　王明胤　王　超　马宝琳　谭长春　杨竣雄
夏惊鸣　张　博　段传敏　李洪道　胡浪球　孙　波
唐江华　程　翔　翟玉忠　刘红明　杨鸿贵　伯建新
高可为　李　蓓　王春强　孔祥云　戴　勇　贾同领
罗宏文　张兵武　史立臣　李政权　余　盛　陈小龙
尚　锋　邢　雷　余伟辉　李小勇　苗庆显　孙　巍
陈继展　全怀周　林延君　王清华　初勇钢　陈　锐
高继中　聂志新　黄　屹　沈　拓　徐伟泽　潦　寒
谭洪华　崔自三　王玉荣　蒋　军　侯军伟　黄润霖
朱伟杰　金国华　吴　之　葛新红　周　剑　崔海鹏
李治江　陈海超　柏　龑　唐道明　刘书生　朱志明
曲宗恺　杜　忠　黄渊明　王献永　范月明　吕　林
刘文新　赵晓萌　张　伟　韩　旭　韩友诚　熊亚柱
秦海林　孙彩军　刘　雷　贺小林　王庆云　黄　娜
俞士耀　田　军　丁　昀　张小峰　黄　磊　罗晓慧
赵海永　伏泓霖　任彭枞　梁小平　鄢圣安　马方旭
乐　涛　杨晓燕　欧阳莉华　陈　慧　张　璐

企业案例·老板传记

	书名．作者	内容/特色	读者价值
企业案例·老板传记	**你不知道的加多宝：原市场部高管讲述** 曲宗恺　牛玮娜　著	前加多宝高管解读加多宝	全景式解读，原汁原味
	借力咨询：德邦成长背后的秘密 官同良　王祥伍　著	讲述德邦是如何借助咨询公司的力量进行自身与发展的	来自德邦内部的第一线资料，真实、珍贵，令人受益匪浅
	娃哈哈区域标杆：豫北市场营销实录 罗宏文　赵晓萌　等著	本书从区域的角度来写娃哈哈河南分公司豫北市场是怎么进行区域市场营销，成为娃哈哈全国第一大市场、全国增量第一高市场的一些操作方法	参考性、指导性，一线真实资料
	六个核桃凭什么：从0过100亿 张学军　著	首部全面揭秘养元六个核桃裂变式成长的巨著	学习优秀企业的成长路径，了解其背后的理论体系
	像六个核桃一样：打造畅销品的36个简明法则 王　超　范　萍　著	本书分上下两篇：包括"六个核桃"的营销战略历程和36条畅销法则	知名企业的战略历程极具参考价值，36条法则提供操作方法
	解决方案营销实战案例 刘祖轲　著	用10个真案例讲明白什么是工业品的解决方案式营销，实战、实用	有干货、真正操作过的才能写得出来
	招招见销量的营销常识 刘文新　著	如何让每一个营销动作都直指销量	适合中小企业，看了就能用
	我们的营销真案例 联纵智达研究院　著	五芳斋粽子从区域到全国/诺贝尔瓷砖门店销量提升/利豪家具出口转内销/汤臣倍健的营销模式	选择的案例都很有代表性，实在、实操！
	中国营销战实录：令人拍案叫绝的营销真案例 联纵智达　著	51个案例，42家企业，38万字，18年，累计2000余人次参与……	最真实的营销案例，全是一线记录，开阔眼界
	双剑破局：沈坤营销策划案例集 沈　坤　著	双剑公司多年来的精选案例解析集，阐述了项目策划中每一个营销策略的诞生过程，策划角度和方法	一线真实案例，与众不同的策划角度令人拍案叫绝、受益匪浅
	宗：一位制造业企业家的思考 杨　涛　著	1993年创业，引领企业平稳发展20多年，分享独到的心得体会	难得的一本老板分享经验的书
	简单思考：AMT咨询创始人自述 孔祥云　著	著名咨询公司（AMT）的CEO创业历程中点点滴滴的经验与思考	每一位咨询人，每一位创业者和管理经营者，都值得一读
	边干边学做老板 黄中强　著	创业20多年的老板，有经验、能写、又愿意分享，这样的书很少	处处共鸣，帮助中小企业老板少走弯路
	三四线城市超市如何快速成长：解密甘雨亭 IBMG国际商业管理集团　著	国内外标杆企业的经验＋本土实践量化数据＋操作步骤、方法	通俗易懂，行业经验丰富，宝贵的行业量化数据，关键思路和步骤
	中国首家未来超市：解密安徽乐城 IBMG国际商业管理集团　著	本书深入挖掘了安徽乐城超市的试验案例，为零售企业未来的发展提供了一条可借鉴之路	通俗易懂，行业经验丰富，宝贵的行业量化数据，关键思路和步骤

续表

互联网 +			
	书名．作者	内容/特色	读者价值
互联网 +	**企业微信营销全指导** 孙　巍　著	专门给企业看到的微信营销书，手把手教企业从小白到微信营销专家	企业想学微信营销现在还不晚，两眼一抹黑也不怕，有这本书就够
	企业网络营销这样做才对：B2B　大宗 B2C 张　进　著	简单直白拿来就用，各种窍门信手拈来，企业网络营销不麻烦也不用再头疼，一般人不告诉他	B2B、大宗 B2C 企业有福了，看了就能学会网络营销
	互联网时代的银行转型 韩友诚　著	以大量案例形式为读者全面展示和分析了银行的互联网金融转型应对之道	结合本土银行转型发展案例的书籍
	正在发生的转型升级·实践 本土管理实践与创新论坛　著	企业在快速变革期所展现出的管理变革新成果、新方法、新案例	重点突出对于未来企业管理相关领域的趋势研判
	触发需求：互联网新营销样本·水产 何足奇　著	传统产业都在苦闷中挣扎前行，本书通过鲜活的案例告诉你如何以需求链整合供应链，从而把大家熟知的传统行业打碎了重构、重做一遍	全是干货，值得细读学习，并且作者的理论已经经过了他亲自操刀的实践检验，效果惊人，就在书中全景展示
	移动互联新玩法：未来商业的格局和趋势 史贤龙　著	传统商业、电商、移动互联，三个世界并存，这种新格局的玩法一定要懂	看清热点的本质，把握行业先机，一本书搞定移动互联网
	微商生意经：真实再现 33 个成功案例操作全程 伏泓霖　罗晓慧　著	本书为 33 个真实案例，分享案例主人公在做微商过程中的经验教训	案例真实，有借鉴意义
	阿里巴巴实战运营——14 招玩转诚信通 聂志新　著	本书主要介绍阿里巴巴诚信通的十四个基本推广操作，从而帮助使用诚信通的用户及企业更好地提升业绩	基本操作，很多可以边学边用，简单易学
	今后这样做品牌：移动互联时代的品牌营销策略 蒋　军　著	与移动互联紧密结合，告诉你老方法还能不能用，新方法怎么用	今后这样做品牌就对了
	互联网 +"变"与"不变"：本土管理实践与创新论坛集萃·2016 本土管理实践与创新论坛　著	本土管理领域正在产生自己独特的理论和模式，尤其在移动互联时代，有很多新课题需要本土专家们一起研究	帮助读者拓宽眼界、突破思维
	创造增量市场：传统企业互联网转型之道 刘红明　著	传统企业需要用互联网思维去创造增量，而不是用电子商务去转移传统业务的存量	教你怎么在"互联网 +"的海洋中创造实实在在的增量
	重生战略：移动互联网和大数据时代的转型法则 沈　拓　著	在移动互联网和大数据时代，传统企业转型如同生命体打算与再造，称之为"重生战略"	帮助企业认清移动互联网环境下的变化和应对之道

续表

互联网+	**画出公司的互联网进化路线图：用互联网思维重塑产品、客户和价值** 李　蓓　著	18个问题帮助企业一步步梳理出互联网转型思路	思路清晰、案例丰富，非常有启发性
	7个转变，让公司3年胜出 李　蓓　著	消费者主权时代，企业该怎么办	这就是互联网思维，老板有能这样想，肯定倒不了
	跳出同质思维，从跟随到领先 郭　剑　著	66个精彩案例剖析，帮助老板突破行业长期思维惯性	做企业竟然有这么多玩法，开眼界
行业类：零售、白酒、食品/快消品、农业、医药、建材家居等			
	书名．作者	内容/特色	读者价值
零售·超市·餐饮·服装	**总部有多强大，门店就能走多远** IBMG国际商业管理集团　著	如何把总部做强，成为门店的坚实后盾	了解总部建设的方法与经验
	超市卖场定价策略与品类管理 IBMG国际商业管理集团　著	超市定价策略与品类管理实操案例和方法	拿来就能用的理论和工具
	连锁零售企业招聘与培训破解之道 IBMG国际商业管理集团　著	围绕零售企业组织架构、培训体系建设等内容进行深刻探讨	破解人才发现和培养瓶颈的关键点
	中国首家未来超市：解密安徽乐城 IBMG国际商业管理集团　著	介绍了乐城作为中国首家未来超市从无到有的传奇经历	了解新型零售超市的运作方式及管理特色
	三四线城市超市如何快速成长：解密甘雨亭 IBMG国际商业管理集团　著	揭秘一家三四线连锁超市的经验策略	不但可以欣赏它的优点，而且可以学会它成功的方法
	涨价也能卖到翻 村松达夫　【日】	提升客单价的15种实用、有效的方法	日本企业在这方面非常值得学习和借鉴
	移动互联下的超市升级 联商网专栏频道　著	深度解析超市转型升级重点	帮助零售企业把握全局、看清方向
	手把手教你做专业督导：专卖店、连锁店 熊亚柱　著	从督导的职能、作用，在工作中需要的专业技能、方法，都提供了详细的解读和训练办法，同时附有大量的表单工具	无论是店铺需要统一培训，还是个人想成为优秀的督导，有这一本就够了
	百货零售全渠道营销策略 陈继展　著	没有照本宣科、说教式的絮叨，只有笔者对行业的认知与理解，庖丁解牛式的逐项解析、展开	通俗易懂，花极少的时间快速掌握该领域的知识及趋势
	零售：把客流变成购买力 丁　昀　著	如何通过不断升级产品和体验式服务来经营客流	如何进行体验营销，国外的好经营，这方面有启发

续表

零售·超市·餐饮·服装	**餐饮企业经营策略第一书** 吴　坚　著	分别从产品、顾客、市场、盈利模式等几个方面，对现阶段餐饮企业的发展提出策略和思路	第一本专业的、高端的餐饮企业经营指导书
	电影院的下一个黄金十年：开发·差异化·案例 李保煜　著	对目前电影院市场存大的问题及如何解决进行了探讨与解读	多角度了解电影院运营方式及代表性案例
	赚不赚钱靠店长：从懂管理到会经营 孙彩军　著	通过生动的案例来进行剖析，注重门店管理细节方面的能力提升	帮助终端门店店长在管理门店的过程中实现经营思路的拓展与突破
耐消品	**商用汽车经销商经营实战** 杜建君　王朝阳　章晓青　等著	从管理到经营，从销售到服务，系统化运作全指导	为经销商经营开阔思路，掌握方法
	汽车配件这样卖：汽车后市场销售秘诀100条 俞士耀　著	汽配销售业务员必读，手把手教授最实用的方法，轻松得来好业绩	快速上岗，专业实效，业绩无忧
	跟行业老手学经销商开发与管理：家电、耐消品、建材家居 黄润霖　著	全部来源于经销商管理的一线问题，作者用丰富的经验将每一个问题落实到最便捷快速的操作方法上去	书中每一个问题都是普通营销人亲口提出的，这些问题你也会遇到，作者进行的解答则精彩实用
白酒	**白酒到底如何卖** 赵海永　著	以市场实战为主，多层次、全方位、多角度地阐释了白酒一线市场操作的最新模式和方法，接地气	实操性强，37个方法、6大案例帮你成功卖酒
	变局下的白酒企业重构 杨永华　著	帮助白酒企业从产业视角看清趋势，找准位置，实现弯道超车的书	行业内企业要减少90%，自己在什么位置，怎么做，都清楚了
	1. 白酒营销的第一本书（升级版） **2. 白酒经销商的第一本书** 唐江华　著	华泽集团湖南开口笑公司品牌部长，擅长酒类新品推广、新市场拓展	扎根一线，实战
	区域型白酒企业营销必胜法则 朱志明　著	为区域型白酒企业提供35条必胜法则，在竞争中赢销的葵花宝典	丰富的一线经验和深厚积累，实操实用
	10步成功运作白酒区域市场 朱志明　著	白酒区域操盘者必备，掌握区域市场运作的战略、战术、兵法	在区域市场的攻伐防守中运筹帷幄，立于不败之地
	酒业转型大时代：微酒精选2014－2015 微酒　主编	本书分为五个部分：当年大事件、那些酒业营销工具、微酒独立策划、业内大调查和十大经典案例	了解行业新动态、新观点，学习营销方法
快消品·食品	**这样打造快消品标杆市场** 罗宏文　著	帮助你解决如何成功打造标杆市场和进行持续增量管理两大问题	一套系统的方法论，通俗易懂，可以直接套用
	5小时读懂快消品营销：中国快消品案例观察 陈海超　著	多年营销经验的一线老手把案例掰开了、揉碎了，从中得出的各种手段和方法给读者以帮助和启发	营销那些事儿的个中秘辛，求人还不一定告诉你，这本书里就有

续表

快消品·食品	**快消品招商的第一本书:从入门到精通** 刘　雷　著	深入浅出,不说废话,有工具方法,通俗易懂	让零基础的招商新人快速学习书中最实用的招商技能,成长为骨干人才
	乳业营销第一书 侯军伟　著	对区域乳品企业生存发展关键性问题的梳理	唯一的区域乳业营销书,区域乳品企业一定要看
	食用油营销第一书 余　盛　著	10 多年油脂企业工作经验,从行业到具体实操	食用油行业第一书,当之无愧
	中国茶叶营销第一书 柏　龑　著	如何跳出茶行业"大文化小产业"的困境,作者给出了自己的观察和思考	不是传统做茶的思路,而是现在商业做茶的思路
	调味品营销第一书 陈小龙　著	国内唯一一本调味品营销的书	唯一的调味品营销的书,调味品的从业者一定要看
	快消品营销人的第一本书:从入门到精通 刘　雷　伯建新　著	快消行业必读书,从入门到专业	深入细致,易学易懂
	变局下的快消品营销实战策略 杨永华　著	通胀了,成本增加,如何从被动应战变成主动的"系统战"	作者对快消品行业非常熟悉、非常实战
	快消品经销商如何快速做大 杨永华　著	本书完全从实战的角度,评述现象,解析误区,揭示原理,传授方法	为转型期的经销商提供了解决思路,指出了发展方向
	一位销售经理的工作心得 蒋　军　著	一线营销管理人员想提升业绩却无从下手时,可以看看这本书	一线的真实感悟
	快消品营销:一位销售经理的工作心得 2 蒋　军　著	快消品、食品饮料营销的经验之谈,重点图书	来源与实战的精华总结
	快消品营销与渠道管理 谭长春　著	将快消品标杆企业渠道管理的经验和方法分享出来	可口可乐、华润的一些具体的渠道管理经验,实战
	成为优秀的快消品区域经理(升级版) 伯建新　著	用"怎么办"分析区域经理的工作关键点,增加30%全新内容,更贴近环境变化	可以作为区域经理的"速成催化器"
	销售轨迹:一位快消品营销总监的拼搏之路 秦国伟　著	本书讲述了一个普通销售员打拼成为跨国企业营销总监的真实奋斗历程	激励人心,给广大销售员以力量和鼓舞
	快消老手都在这样做:区域经理操盘锦囊 方　刚　著	非常接地气,全是多年沉淀下来的干货,丰富的一线经验和实操方法不可多得	在市场摸爬滚打的"老油条",那些独家绝招妙招一般你问都是问不来的
	动销四维:全程辅导与新品上市 高继中　著	从产品、渠道、促销和新品上市详细讲解提高动销的具体方法,总结作者 18 年的快消品行业经验,方法实操	内容全面系统,方法实操

续表

农业	**新农资如何换道超车** 刘祖轲　等著	从农业产业化、互联网转型、行业营销与经营突破四个方面阐述如何让农资企业占领先机、提前布局	南方略专家告诉你如何应对资源浪费、生产效率低下、产能严重过剩、价格与价值严重扭曲等
	中国牧场管理实战：畜牧业、乳业必读 黄剑黎　著	本书不仅提供了来自一线的实际经验，还收入了丰富的工具文档与表单	填补空白的行业必读作品
	中小农业企业品牌战法 韩　旭　著	将中小农业企业品牌建设的方法，从理论讲到实践，具有指导性	全面把握品牌规划，传播推广，落地执行的具体措施
	农资营销实战全指导 张　博　著	农资如何向“深度营销”转型，从理论到实践进行系统剖析，经验资深	朴实、使用！不可多得的农资营销实战指导
	农产品营销第一书 胡浪球　著	从农业企业战略到市场开拓、营销、品牌、模式等	来源于实践中的思考，有启发
	变局下的农牧企业 9 大成长策略 彭志雄　著	食品安全、纵向延伸、横向联合、品牌建设……	唯一的农牧企业经营实操的书，农牧企业一定要看
医药	**在中国，医药营销这样做：时代方略精选文集** 段继东　主编	专注于医药营销咨询 15 年，将医药营销方法的精华文章合编，深入全面	可谓医药营销领域的顶尖著作，医药界读者的必读书
	医药新营销：制药企业、医药商业企业营销模式转型 史立臣　著	医药生产企业和商业企业在新环境下如何做营销？老方法还有没有用？如何寻找新方法？新方法怎么用？本书给你答案	内容非常现实接地气，踏实谈问题说方法
	医药企业转型升级战略 史立臣　著	药企转型升级有 5 大途径，并给出落地步骤及风险控制方法	实操性强，有作者个人经验总结及分析
	新医改下的医药营销与团队管理 史立臣　著	探讨新医改对医药行业的系列影响和医药团队管理	帮助理清思路，有一个框架
	医药营销与处方药学术推广 马宝琳　著	如何用医学策划把“平民产品”变成“明星产品”	有真货、讲真话的作者，堪称处方药营销的经典！
	新医改，医药企业如何应对行业洗牌 林延君　沈　斌　著	一方面，围绕着变革，多角度阐述药企的应对之道；另一方面，紧扣实践，介绍近百家医药企业创新实践案例	医改变革 10 年，医药企业如何应对大洗牌？重磅出击的药企人必读书
	新医改了，药店就要这样开 尚　锋　著	药店经营、管理、营销全攻略	有很强的实战性和可操作性
	电商来了，实体药店如何突围 尚　锋　著	电商崛起，药店该如何突围？本书从促销、会员服务、专业性、客单价等多重角度给出了指导方向	实战攻略，拿来就能用
	OTC 医药代表药店销售 36 计 鄢圣安　著	以《三十六计》为线，写 OTC 医药代表向药店销售的一些技巧与策略	案例丰富，生动真实，实操性强

续表

医药	**OTC医药代表药店开发与维护** 鄢圣安　著	要做到一名专业的医药代表，需要做什么、准备什么、知识储备、操作技巧等	医药代表药店拜访的指导手册，手把手教你快速上手
	引爆药店成交率1：店员导购实战 范月明　著	一本书解决药店导购所有难题	情景化、真实化、实战化
	引爆药店成交率2：经营落地实战 范月明　著	最接地气的经营方法全指导	揭示了药店经营的几类关键问题
	引爆药店成交率：专业化销售解决方案 范月明　著	药品搭配分析与关联销售	为药店人专业化助力
建材家居	**成为最赚钱的家具建材经销商** 李治江　著	从销售模式、产品、门店等老板们最关注和最需要的方面解决问题、提供方法	只要你是建材、家具、家居用品的经销商老板，这就是一本必读的书
	家具行业操盘手 王献永　著	家具行业问题的终结者	解决了干家具还有没有前途？为什么同城多店的家具经销商很难做大做强等问题
	建材家居营销：除了促销还能做什么 孙嘉晖　著	一线老手的深度思考，告诉你在建材家居营销模式基本停滞的今天，除了促销，营销还能怎么做	给你的想法一场革命
	建材家居营销实务 程绍珊　杨鸿贵　主编	价值营销运用到建材家居，每一步都让客户增值	有自己的系统、实战
	建材家居门店销量提升 贾同领　著	店面选址、广告投放、推广助销、空间布局、生动展示、店面运营等	门店销量提升是一个系统工程，非常系统、实战
	10步成为最棒的建材家居门店店长 徐伟泽　著	实际方法易学易用，让员工能够迅速成长，成为独当一面的好店长	只要坚持这样干，一定能成为好店长
	手把手帮建材家居导购业绩倍增：成为顶尖的门店店员 熊亚柱　著	生动的表现形式，让普通人也能成为优秀的导购员，让门店业绩长红	读着有趣，用着简单，一本在手、业绩无忧
	建材家居经销商实战42章经 王庆云　著	告诉经销商：老板怎么当、团队怎么带、生意怎么做	忠言逆耳，看着不舒服就对了，实战总结，用一招半式就值了
工业品	**销售是门专业活：B2B、工业品** 陆和平　著	销售流程就应该跟着客户的采购流程和关注点的变化向前推进，将一个完整的销售过程分成十个阶段，提供具体方法	销售不是请客吃饭拉关系，是个专业的活计！方法在手，走遍天下不愁
	解决方案营销实战案例 刘祖轲　著	用10个真案例讲明白什么是工业品的解决方案式营销，实战、实用	有干货、真正操作过的才能写得出来
	变局下的工业品企业7大机遇 叶敦明　著	产业链条的整合机会、盈利模式的复制机会、营销红利的机会、工业服务商转型机会……	工业品企业还可以这样做，思维大突破

续表

工业品	**工业品市场部实战全指导** 杜　忠　著	工业品市场部经理工作内容全指导	系统、全面、有理论、有方法，帮助工业品市场部经理更快提升专业能力
	工业品营销管理实务 李洪道　著	中国特色工业品营销体系的全面深化、工业品营销管理体系优化升级	工具更实战，案例更鲜活，内容更深化
	工业品企业如何做品牌 张东利　著	为工业品企业提供最全面的品牌建设思路	有策略、有方法、有思路、有工具
	丁兴良讲工业4.0 丁兴良　著	没有枯燥的理论和说教，用朴实直白的语言告诉你工业4.0的全貌	工业4.0是什么？本书告诉你答案
	资深大客户经理：策略准，执行狠 叶敦明　著	从业务开发、发起攻势、关系培育、职业成长四个方面，详述了大客户营销的精髓	满满的全是干货
	一切为了订单：订单驱动下的工业品营销实战 唐道明　著	其实，所有的企业都在围绕着两个字在开展全部的经营和管理工作，那就是“订单”	开发订单、满足订单、扩大订单。本书全是实操方法，字字珠玑、句句干货，教你获得营销的胜利
金融	**交易心理分析** (美)马克·道格拉斯　著 刘真如　译	作者一语道破赢家的思考方式，并提供了具体的训练方法	不愧是投资心理的第一书，绝对经典
	精品银行管理之道 崔海鹏　何　屹　主编	中小银行转型的实战经验总结	中小银行的教材很多，实战类的书很少，可以看看
	支付战争 Eric M. Jackson　著 徐　彬　王　晓　译	PayPal创业期营销官，亲身讲述PayPal从诞生到壮大到成功出售的整个历史	激烈、有趣的内幕商战故事！了解美国支付市场的风云巨变
	中外并购名著专业阅读指南 叶兴平　等著	在5000多本并购类图书中精选的200著作，在阅读的基础上写的读书评价	精挑细选200本并一一评介，省去读者挑选的烦恼，快捷、高效
	互联网时代的银行转型 韩友诚　著	以大量案例形式为读者全面展示和分析了银行的互联网金融转型应对之道	结合本土银行转型发展案例的书籍
房地产	**产业园区/产业地产规划、招商、运营实战** 阎立忠　著	目前中国第一本系统解读产业园区和产业地产建设运营的实战宝典	从认知、策划、招商到运营全面了解地产策划
	人文商业地产策划 戴欣明　著	城市与商业地产战略定位的关键是不可复制性，要发现独一无二的“味道”	突破千城一面的策划困局
	电影院的下一个黄金十年：开发·差异化·案例 李保煜　著	对目前电影院市场存大的问题及如何解决进行了探讨与解读	多角度了解电影院运营方式及代表性案例
能源	**全能型班组：城市能源互联网与电力班组升级** 国网天津市电力公司　编著	借鉴国内外优秀企业的转型升级思路，通过对于新型班组组织模式和运行机制的大胆设想，力图构建充分适应内外环境变化的全能型班组	看看庞大的国企在新环境下是如何顺应时代的
	国网天津电力全能型班组建设实务 国网天津市电力公司　编著	本书聚焦于天津电力公司在探索全能型班组转型升级时的优秀实践	电力行业的班组实践，具体、可操作性强

续表

经营类:企业如何赚钱,如何抓机会,如何突破,如何“开源”			
书名．作者		内容/特色	读者价值
抓方向	让经营回归简单．升级版 宋新宇　著	化繁为简抓住经营本质:战略、客户、产品、员工、成长	经典,做企业就这几个关键点!
	混沌与秩序Ⅰ:变革时代企业领先之道 混沌与秩序Ⅱ:变革时代管理新思维 彭剑锋　尚艳玲　主编	汇集华夏基石专家团队10年来研究成果,集中选择了其中的精华文章编纂成册	作者都是既有深厚理论积淀又有实践经验的重磅专家,为中国企业和企业家的未来提出了高屋建瓴的观点
	活系统:跟任正非学当老板 孙行健　尹　贤　著	以任正非的独到视角,教企业老板如何经营公司	看透公司经营本质,激活企业活力
	重构:快消品企业重生之道 杨永华　著	从7个角度,帮助企业实现系统性的改造	提供转型思想与方法,值得参考
	公司由小到大要过哪些坎 卢　强　著	老板手里的一张“企业成长路线图”	现在我在哪儿,未来还要走哪些路,都清楚了
	企业二次创业成功路线图 夏惊鸣　著	企业曾经抓住机会成功了,但下一步该怎么办?	企业怎样获得第二次成功,心里有个大框架了
	老板经理人双赢之道 陈　明　著	经理人怎养选平台、怎么开局,老板怎样选/育/用/留	老板生闷气,经理人牢骚大,这次知道该怎么办了
	简单思考:AMT咨询创始人自述 孔祥云　著	著名咨询公司(AMT)的CEO创业历程中点点滴滴的经验与思考	每一位咨询人,每一位创业者和管理经营者,都值得一读
	企业文化的逻辑 王祥伍　黄健江　著	为什么企业绩效如此不同,解开绩效背后的文化密码	少有的深刻,有品质,读起来很流畅
	使命驱动企业成长 高可为　著	钱能让一个人今天努力,使命能让一群人长期努力	对于想做事业的人,‘使命’是绕不过去的
思维突破	盈利原本就这么简单 高可为　著	从财务的角度揭示企业盈利的秘密	多方面解读商业模式与盈利的关系,通俗易懂,受益匪浅
	移动互联新玩法:未来商业的格局和趋势 史贤龙　著	传统商业、电商、移动互联,三个世界并存,这种新格局的玩法一定要懂	看清热点的本质,把握行业先机,一本书搞定移动互联网
	画出公司的互联网进化路线图:用互联网思维重塑产品、客户和价值 李　蓓　著	18个问题帮助企业一步步梳理出互联网转型思路	思路清晰、案例丰富,非常有启发性
	重生战略:移动互联网和大数据时代的转型法则 沈　拓　著	在移动互联网和大数据时代,传统企业转型如同生命体打算与再造,称之为“重生战略”	帮助企业认清移动互联网环境下的变化和应对之道
	创造增量市场:传统企业互联网转型之道 刘红明　著	传统企业需要用互联网思维去创造增量,而不是用电子商务去转移传统业务的存量	教你怎么在“互联网+”的海洋中创造实实在在的增量

续表

思维突破	**7 个转变,让公司 3 年胜出** 李　蓓　著	消费者主权时代,企业该怎么办	这就是互联网思维,老板有能这样想,肯定倒不了
	跳出同质思维,从跟随到领先 郭　剑　著	66 个精彩案例剖析,帮助老板突破行业长期思维惯性	做企业竟然有这么多玩法,开眼界
	麻烦就是需求　难题就是商机 卢根鑫　著	如何借助客户的眼睛发现商机	什么是真商机,怎么判断、怎么抓,有借鉴
	互联网+"变"与"不变":本土管理实践与创新论坛集萃·2016 本土管理实践与创新论坛　著	加速本土管理思想的孕育诞生,促进本土管理创新成果更好地服务企业、贡献社会	各个作者本年度最新思想,帮助读者拓宽眼界、突破思维
	消费升级:实践　研究(文集) 本土管理实践与创新论坛　著	38 位管理专家及 7 位学者的精华思想,从经营、管理、行业及思想研究四个方面阐述中国企业在消费升级下的实践与研究	思想启发,行业借鉴
财务	**写给企业家的公司与家庭财务规划——从创业成功到富足退休** 周荣辉　著	本书以企业的发展周期为主线,写各阶段企业与企业主家庭的财务规划	为读者处理人生各阶段企业与家庭的财务问题提供建议及方法,让家庭成员真正享受财富带来的益处
	互联网时代的成本观 程　翔　著	本书结合互联网时代提出了成本的多维观,揭示了多维组合成本的互联网精神和大数据特征,论述了其产生背景、实现思路和应用价值	在传统成本观下为盈利的业务,在新环境下也许就成为亏损业务。帮助管理者从新的角度来看待成本,进一步做好精益管理

管理类:效率如何提升,如何实现经营目标,如何"节流"

	书名．作者	内容/特色	读者价值
通用管理	**让管理回归简单·升级版** 宋新宇　著	从目标、组织、决策、授权、人才和老板自己层面教你怎样做管理	帮助管理抓住管理的要害,让管理变得简单
	让经营回归简单·升级版 宋新宇　著	从战略、客户、产品、员工、成长、经营者自身等七个方面,归纳总结出简单有效的经营法则	总结出的真正优秀企业的成功之道:简单
	让用人回归简单 宋新宇　著	从用人的原则、用人的难题与误区、用人的方法和用人者的修炼四大方面,总结出适合中小企业做好人才管理工作的法则	帮助管理者抓住用人的要害,让用人变得简单
	历史深处的管理智慧 1:组织建设与用人之道 刘文瑞　著	对历史之典故、政事、人事、政制进行管理解析,鉴照企业人才的选用育留	推动理论与实践的对接,实现理性与情感的渗透,用中国话语说明管理智慧
	历史深处的管理智慧 2:战略决策与经营运作 刘文瑞 著	对历史之典故、政事、人事、政制进行管理解析,鉴照企业战略设计与经营实践	推动理论与实践的对接,实现理性与情感的渗透,用中国话语说明管理智慧

续表

通用管理	**历史深处的管理智慧3:领导修炼与文化素养** 刘文瑞　著	对历史之典故、政事、人事、政制进行管理解析,鉴照企业领导职业能力提升与文化修养	推动理论与实践的对接,实现理性与情感的渗透,用中国话语说明管理智慧
	管理的尺度 刘文瑞　著	对管理中的种种普遍性问题进行了批评	提高把握管理尺度的能力
	管理学在中国 刘文瑞　著	系统性介绍了管理学在中国的发展和演变	了解管理学在中国的发展脉络,更清晰理解管理学的本质
	管理:以规则驾驭人性 王春强　著	详细解读企业规则的制定方法	从人与人博弈角度提升管理的有效性
	员工心理学超级漫画版 邢　雷　著	以漫画的形式深度剖析员工心理	帮助管理者更了解员工,从而更轻松地管理员工
	老板有想法,高层有干法:企业中的将、帅之道 王清华　著	深入剖析老板与高管的异同	各司其职,各行其是,相辅相成
	分股合心:股权激励这样做 段磊　周剑　著	通过丰富的案例,详细介绍了股权激励的知识和实行方法	内容丰富全面、易读易懂,了解股权激励,有这一本就够了
	边干边学做老板 黄中强　著	创业20多年的老板,有经验、能写、又愿意分享,这样的书很少	处处共鸣,帮助中小企业老板少走弯路
	成为敏感而体贴的公司 王　涛　著	本书为作者对企业的观察和冥想的随笔记录。从生活中的一个现象入手,进而探索现象背后的本质	从全新角度认识公司
	中国企业的觉醒:正直 善良 成长 王　涛　著	围绕着企业人如何发生转化展开,对中国人、中国文化及由此导致的企业现状的观察和思考	企业除了要利润,还需要道德
	有意识的思考:轻松化解问题的7个思考习惯 王　涛　著	本书是对思想、思考过程、思考方式进行的细致观察	养成好的思考习惯,更深刻地看问题
	中国式阿米巴落地实践之从交付到交易 胡八一　著	本书主要讲述阿米巴经营会计,"从交付到交易",这是成功实施了阿米巴的标志	阿米巴经营会计的工作是有逻辑关联的,一本书就能搞定
	中国式阿米巴落地实践之激活组织 胡八一　著	重点讲解如何科学划分阿米巴单元,阐述划分的实操要领、思路、方法、技术与工具	最大限度减少"推行风险"和"摸索成本",利于公司成功搭建适合自身的个性化阿米巴经营体系
	集团化企业阿米巴实战案例 初勇钢　著	一家集团化企业阿米巴实施案例	指导集团化企业系统实施阿米巴
	阿米巴经营的中国模式 李志华　著	让员工从"要我干"到"我要干",价值量化出来	阿米巴在企业如何落地,明白思路了
	欧博心法:好管理靠修行 曾　伟　著	用佛家的智慧,深刻剖析管理问题,见解独到	如果真的有'中国式管理',曾老师是其中标志性人物
	领导这样点燃你的下属 孟广桥　著	领导者如何才能让员工积极主动地工作?如何让你的员工和下属保持工作的热情,自动自发?看了这本书就知道	只要你希望手下的"兵将"永远充满工作的斗志,这本书将使你获益良多

续表

流程管理	**1. 用流程解放管理者** **2. 用流程解放管理者2** 张国祥　著	中小企业阅读的流程管理、企业规范化的书	通俗易懂,理论和实践的结合恰到好处
	跟我们学建流程体系 陈立云　著	畅销书《跟我们学做流程管理》系列,更实操,更细致,更深入	更多地分享实践,分享感悟,从实践总结出来的方法论
质量管理	IATF16949 **质量管理体系详解与案例文件汇编:** TS16949 **转版** IATF16949:2016 谭洪华　著	针对 IATF 的新标准做了详细的解说,同时指出了一些推行中容易犯的错误,提供了大量的表单、案例	案例、表单丰富,拿来就用
	五大质量工具详解及运用案例: APQP/FMEA/PPAP/MSA/SPC 谭洪华　著	对制造业必备的五大质量工具中每个文件的制作要求、注意事项、制作流程、成功案例等进行了解读	通俗易懂、简便易行,能真正实现学以致用
	ISO9001:2015 新版质量管理体系详解与案例文件汇编 谭洪华　著	紧密围绕2015年新版质量管理体系文件逐条详细解读,并提供可以直接套用的案例工具,易学易上手	企业质量管理认证、内审必备
	ISO14001:2015 新版环境管理体系详解与案例文件汇编 谭洪华　著	紧密围绕2015年新版环境管理体系文件逐条详细解读,并提供可以直接套用的案例工具,易学易上手	企业环境管理认证、内审必备
	SA8000:2014 社会责任管理体系认证实战 吕　林　著	作者根据自己的操作经验,按认证的流程,以相关案例进行说明 SA8000 认证体系	简单,实操性强,拿来就能用
	精益质量管理实战工具 贺小林　著	制造类企业日常工作中所需要的精益管理工具的归纳整理,并进行案例操作的细致分析	可以直接参考,实际解决生产中的具体问题
战略落地	**重生——中国企业的战略转型** 施　炜　著	从前瞻和适用的角度,对中国企业战略转型的方向、路径及策略性举措提出了一些概要性的建议和意见	对企业有战略指导意义
	公司大了怎么管:从靠英雄到靠组织 AMT 金国华　著	第一次详尽阐释中国快速成长型企业的特点、问题及解决之道	帮助快速成长型企业领导及管理团队理清思路,突破瓶颈
	低效会议怎么改:每年节省一半会议成本的秘密 AMT 王玉荣　著	教你如何系统规划公司的各级会议,一本工具书	教会你科学管理会议的办法
	年初订计划,年尾有结果:战略落地七步成诗 AMT 郭晓　著	7个步骤教会你怎么让公司制定的战略转变为行动	系统规划,有效指导计划实现

续表

人力资源	**HRBP 是这样炼成的之“菜鸟起飞”** 新　海　著	以小说的形式，具体解析 HRBP 的职责，应该如何操作，如何为业务服务	实践者的经验分享，内容实务具体，形式有趣
	HRBP 是这样炼成的之中级修炼 新　海　著	本书以案例故事的方式，介绍了 HRBP 在实际工作中碰到的问题和挑战	书中的 HR 解决方案讲究因时因地制宜、简单有效的原则，重在启发读者思路，可供各类企业 HRBP 借鉴
	HRBP 是这样炼成的之高级修炼 新　海　著	以故事的形式，展现了 HRBP 工作者在职业发展路上的层层深入和递进	为读者提供 HRBP 在实际工作中遇到种种问题的解决方案
	把面试做到极致：首席面试官的人才甄选法 孟广桥　著	作者用自己几十年的人力资源经验总结出的一套实用的确定岗位招聘标准、提升面试官技能素质的简便方法	面试官必备，没有空泛理论，只有巧妙的实操技能
	人力资源体系与 e－HR 信息化建设 刘书生　陈　莹　王美佳　著	将作者经历的人力资源管理变革、人力资源管理信息化咨询项目方法论、工具和成果全面展现给读者，使大家能够将其快速应用到管理实践中	系统性非常强，没有废话，全部是浓缩的干货
	回归本源看绩效 孙　波　著	让绩效回顾“改进工具”的本源，真正为企业所用	确实是来源于实践的思考，有共鸣
	世界 500 强资深培训经理人教你做培训管理 陈　锐　著	从 7 大角度具体细致地讲解了培训管理的核心内容	专业、实用、接地气
	曹子祥教你做激励性薪酬设计 曹子祥　著	以激励性为指导，系统性地介绍了薪酬体系及关键岗位的薪酬设计模式	深入浅出，一本书学会薪酬设计
	曹子祥教你做绩效管理 曹子祥　著	复杂的理论通俗化，专业的知识简单化，企业绩效管理共性问题的解决方案	轻松掌握绩效管理
	把招聘做到极致 远　鸣　著	作为世界 500 强高级招聘经理，作者数十年招聘经验的总结分享	带来职场思考境界的提升和具体招聘方法的学习
	人才评价中心．超级漫画版 邢　雷　著	专业的主题，漫画的形式，只此一本	没想到一本专业的书，能写成这效果
	走出薪酬管理误区 全怀周　著	剖析薪酬管理的 8 大误区，真正发挥好枢纽作用	值得企业深读的实用教案
	集团化人力资源管理实践 李小勇　著	对搭建集团化的企业很有帮助，务实，实用	最大的亮点不是理论，而是结合实际的深入剖析
	我的人力资源咨询笔记 张　伟　著	管理咨询师的视角，思考企业的 HR 管理	通过咨询师的眼睛对比很多企业，有启发
	本土化人力资源管理 8 大思维 周　剑　著	成熟 HR 理论，在本土中小企业实践中的探索和思考	对企业的现实困境有真切体会，有启发

续表

企业文化	**36个拿来就用的企业文化建设工具** 海融心胜 主编	数十个工具，为了方便拿来就用，每一个工具都严格按照工具属性、操作方法、案例解读划分，实用、好用	企业文化工作者的案头必备书，方法都在里面，简单易操作
	企业文化建设超级漫画版 邢 雷 著	以漫画的形式系统教你企业文化建设方法	轻松易懂好操作
	华夏基石方法：企业文化落地本土实践 王祥伍 谭俊峰 著	十年积累、原创方法、一线资料，和盘托出	在文化落地方面真正有洞察，有实操价值的书
	企业文化的逻辑 王祥伍 著	为什么企业之间如此不同，解开绩效背后的文化密码	少有的深刻，有品质，读起来很流畅
	企业文化激活沟通 宋杼宸 安 琪 著	透过新任HR总经理的眼睛，揭示出沟通与企业文化的关系	有实际指导作用的文化落地读本
	在组织中绽放自我：从专业化到职业化 朱仁健 王祥伍 著	个人如何融入组织，组织如何助力个人成长	帮助企业员工快速认同并投入到组织中去，为企业发展贡献力量
	企业文化定位·落地一本通 王明胤 著	把高深枯燥的专业理论创建成一套系统化、实操化、简单化的企业文化缔造方法	对企业文化不了解，不会做？有这一本从概念到实操，就够了
生产管理	**精益思维：中国精益如何落地** 刘承元 著	笔者二十余年企业经营和咨询管理的经验总结	中国企业需要灵活运用精益思维，推动经营要素与管理机制的有机结合，推动企业管理向前发展
	300张现场图看懂精益5S管理 乐 涛 编著	5S现场实操详解	案例图解，易懂易学
	高员工流失率下的精益生产 余伟辉 著	中国的精益生产必须面对和解决高员工流失率问题	确实来源于本土的工厂车间，很务实
	车间人员管理那些事儿 岑立聪 著	车间人员管理中处理各种“疑难杂症”的经验和方法	基层车间管理者最闹心、头疼的事，‘打包’解决
	1. 欧博心法：好管理靠修行 **2. 欧博心法：好工厂这样管** 曾 伟 著	他是本土最大的制造业管理咨询机构创始人，他从400多个项目、上万家企业实践中锤炼出的欧博心法	中小制造型企业，一定会有很强的共鸣
	欧博工厂案例1：生产计划管控对话录 **欧博工厂案例2：品质技术改善对话录** **欧博工厂案例3：员工执行力提升对话录** 曾 伟 著	最典型的问题、最详尽的解析，工厂管理9大问题27个经典案例	没想到说得这么细，超出想象，案例很典型，照搬都可以了
	工厂管理实战工具 欧博企管 编著	以传统文化为核心的管理工具	适合中国工厂

续表

<table>
<tr><td rowspan="7">生产管理</td><td>苦中得乐：管理者的第一堂必修课
曾　伟　编著</td><td>曾伟与师傅大愿法师的对话，佛学与管理实践的碰撞，管理禅的修行之道</td><td>用佛学最高智慧看透管理</td></tr>
<tr><td>比日本工厂更高效1：管理提升无极限
刘承元　著</td><td>指出制造型企业管理的六大积弊；颠覆流行的错误认知；掌握精益管理的精髓</td><td>每一个企业都有自己不同的问题，管理没有一剑封喉的秘笈，要从现场、现物、现实出发</td></tr>
<tr><td>比日本工厂更高效2：超强经营力
刘承元　著</td><td>企业要获得持续盈利，就要开源和节流，即实现销售最大化，费用最小化</td><td>掌握提升工厂效率的全新方法</td></tr>
<tr><td>比日本工厂更高效3：精益改善力的成功实践
刘承元　著</td><td>工厂全面改善系统有其独特的目的取向特征，着眼于企业经营体质（持续竞争力）的建设与提升</td><td>用持续改善力来飞速提升工厂的效率，高效率能够带来意想不到的高效益</td></tr>
<tr><td>3A顾问精益实践1：IE与效率提升
党新民　苏迎斌　蓝旭日　著</td><td>系统的阐述了IE技术的来龙去脉以及操作方法</td><td>使员工与企业持续获利</td></tr>
<tr><td>3A顾问精益实践2：JIT与精益改善
肖志军　党新民　著</td><td>只在需要的时候，按需要的量，生产所需的产品</td><td>提升工厂效率</td></tr>
<tr><td>手把手教你做专业的生产经理
黄　娜　著</td><td>物流、信息流、资金流，让生产经理管理有抓手</td><td>从菜鸟到能把控全局</td></tr>
<tr><td rowspan="6">员工素质提升</td><td>TTT培训师精进三部曲（上）：深度改善现场培训效果
廖信琳　著</td><td>现场把控不用慌，这里有妙招一用就灵</td><td>课程现场无论遇到什么样的情况都能游刃有余</td></tr>
<tr><td>TTT培训师精进三部曲（中）：构建最有价值的课程内容
廖信琳　著</td><td>这样做课程内容，学员有收获 培训师也有收获</td><td>优质的课程内容是树立个人品牌的保证</td></tr>
<tr><td>TTT培训师精进三部曲（下）：职业功力沉淀与修为提升
廖信琳　著</td><td>从内而外提升自己，职业的道路一帆风顺</td><td>走上职业TTT内训师的康庄大道</td></tr>
<tr><td>培训师，如何让你的事业长青：自我管理的10项法则
廖信琳　著</td><td>建立了一套完整的培训师自我管理体系，为培训师的职业成长与发展提供有益的指引</td><td>培训师如何在自己的职业道路上越走越高，事业长青，一直有所收获与成长？本书将给你答案</td></tr>
<tr><td>管理咨询师的第一本书：百万年薪 千万身价
熊亚柱　著</td><td>从问题出发，发现问题、分析问题、解决问题，让两眼一抹黑的新人快速成长</td><td>管理咨询师初入职场，让这本书开启百万年薪之路</td></tr>
<tr><td>手把手教你做专业督导：专卖店、连锁店
熊亚柱　著</td><td>从督导的职能、作用，在工作中需要的专业技能、方法，都提供了详细的解读和训练办法，同时附有大量的表单工具</td><td>无论是店铺需要统一培训，还是个人想成为优秀的督导，有这一本就够了</td></tr>
</table>

续表

员工素质提升	**跟老板"偷师"学创业** 吴江萍　余晓雷　著	边学边干,边观察边成长,你也可以当老板	不同于其他类型的创业书,让你在工作中积累创业经验,一举成功
	销售轨迹:一位快消品营销总监的拼搏之路 秦国伟　著	本书讲述了一个普通销售员打拼成为跨国企业营销总监的真实奋斗历程	激励人心,给广大销售员以力量和鼓舞
	在组织中绽放自我:从专业化到职业化 朱仁健　王祥伍　著	个人如何融入组织,组织如何助力个人成长	帮助企业员工快速认同并投入到组织中去,为企业发展贡献力量
	企业员工弟子规:用心做小事,成就大事业 贾同领　著	从传统文化《弟子规》中学习企业中为人处事的办法,从自身做起	点滴小事,修养自身,从自身的改善得到事业的提升
	手把手教你做顶尖企业内训师:TTT 培训师宝典 熊亚柱　著	从课程研发到现场把控、个人提升都有涉及,易读易懂,内容丰富全面	想要做企业内训师的员工有福了,本书教你如何抓住关键,从入门到精通

营销类:把客户需求融入企业各环节,提供"客户认为"有价值的东西

书名．作者		内容/特色	读者价值
营销模式	**精品营销战略** 杜建君　著	以精品理念为核心的精益战略和营销策略	用精品思维赢得高端市场
	变局下的营销模式升级 程绍珊　叶　宁　著	客户驱动模式、技术驱动模式、资源驱动模式	很多行业的营销模式被颠覆,调整的思路有了!
	卖轮子 科克斯【美】	小说版的营销学!营销理念巧妙贯穿其中,贵在既有趣,又有深度	经典、有趣!一个故事读懂营销精髓
	动销操盘:节奏掌控与社群时代新战法 朱志明　著	在社群时代把握好产品生产销售的节奏,解析动销的症结,寻找动销的规律与方法	都是易读易懂的干货!对动销方法的全面解析和操盘
	弱势品牌如何做营销 李政权　著	中小企业虽有品牌但没名气,营销照样能做的有声有色	没有丰富的实操经验,写不出这么具体、详实的案例和步骤,很有启发
	老板如何管营销 史贤龙　著	高段位营销 16 招,好学好用	老板能看,营销人也能看
	洞察人性的营销战术:沈坤教你 28 式 沈　坤　著	28 个匪夷所思的营销怪招令人拍案叫绝,涉及商业竞争的方方面面,大部分战术可以直接应用到企业营销中	各种谋略得益于作者的横向思维方式,将其操作过的案例结合其中,提供的战术对读者有参考价值
	动销:产品是如何畅销起来的 吴江萍　余晓雷　著	真真切切告诉你,产品究竟怎么才能卖出去	击中痛点,提供方法,你值得拥有
	1000 铁杆女粉丝 张兵武　著	连接是女性与生俱来的特质。能善用连接的营销人员,就像拿到打开女性荷包的钥匙	重新认识女性的传播力量
	360°谈营销:一位营销咨询师 20 年实战洞察 王清华　古怀亮　著	各个角度,全方位,多视点剥营销	思路单一,此书帮你破

续表

销售	**资深大客户经理:策略准,执行狠** 叶敦明　著	从业务开发、发起攻势、关系培育、职业成长四个方面,详述了大客户营销的精髓	满满的全是干货
	成为资深的销售经理:B2B、工业品 陆和平　著	围绕"销售管理的六个关键控制点"一一展开,提供销售管理的专业、高效方法	方法和技术接地气,拿来就用,从销售员成长为经理不再犯难
	销售是门专业活:B2B 、工业品 陆和平　著	销售流程就应该跟着客户的采购流程和关注点的变化向前推进,将一个完整的销售过程分成十个阶段,提供具体方法	销售不是请客吃饭拉关系,是个专业的活计!方法在手,走遍天下不愁
	向高层销售:与决策者有效打交道 贺兵一　著	一套完整有效的销售策略	有工具,有方法,有案例,通俗易懂
	卖轮子 科克斯　【美】	小说版的营销学!营销理念巧妙贯穿其中,贵在既有趣,又有深度	经典、有趣!一个故事读懂营销精髓
	学话术　卖产品 张小虎　著	分析常见的顾客异议,将优秀的话术模块化	让普通导购员也能成为销售精英
组织和团队	**升级你的营销组织** 程绍珊　吴越舟　著	用"有机性"的营销组织替代"营销能人",营销团队变成"铁营盘"	营销队伍最难管,程老师不愧是营销第1操盘手,步骤方法都很成熟
	用数字解放营销人 黄润霖　著	通过量化帮助营销人员提高工作效率	作者很用心,很好的常备工具书
	成为优秀的快消品区域经理(升级版) 伯建新　著	用"怎么办"分析区域经理的工作关键点,增加30%全新内容,更贴近环境变化	可以作为区域经理的"速成催化器"
	成为资深的销售经理:B2B、工业品 陆和平　著	围绕"销售管理的六个关键控制点"一一展开,提供销售管理的专业、高效方法	方法和技术接地气,拿来就用,从销售员成长为经理不再犯难
	一位销售经理的工作心得 蒋　军　著	一线营销管理人员想提升业绩却无从下手时,可以看看这本书	一线的真实感悟
	快消品营销:一位销售经理的工作心得2 蒋　军　著	快消品、食品饮料营销的经验之谈,重点突出	来源于实战的精华总结
	销售轨迹:一位快消品营销总监的拼搏之路 秦国伟　著	本书讲述了一个普通销售员打拼成为跨国企业营销总监的真实奋斗历程	激励人心,给广大销售员以力量和鼓舞
	用营销计划锁定胜局:用数字解放营销人2 黄润霖　著	全方位教你怎么做好营销计划,好学好用真简单	照搬套用就行,做营销计划再也不头痛
	快消品营销人的第一本书:从入门到精通 刘　雷　伯建新　著	快消行业必读书,从入门到专业	深入细致,易学易懂

续表

产品	**产品研发管理实战** 任彭枞　编著	产品研发管理体系全指导	既有工具，又能开拓思路
	新产品开发管理，就用 IPD 郭富才　著	10 年 IPD 研发管理咨询总结，国内首部 IPD 专业著作	一本书掌握 IPD 管理精髓
	资深项目经理这样做新产品开发管理 秦海林　著	以 IPD 为思想，系统讲解新产品开管理的细节	提供管理思路和实用工具
	产品炼金术Ⅰ：如何打造畅销产品 史贤龙　著	满足不同阶段、不同体量、不同行业企业对产品的完整需求	必须具备的思维和方法，避免在产品问题上走弯路
	产品炼金术Ⅱ：如何用产品驱动企业成长 史贤龙　著	做好产品、关注产品的品质，就是企业成功的第一步	必须具备的思维和方法，避免在产品问题上走弯路
品牌	**中小企业如何建品牌** 梁小平　著	中小企业建品牌的入门读本，通俗、易懂	对建品牌有了一个整体框架
	采纳方法：破解本土营销 8 大难题 朱玉童　编著	全面、系统、案例丰富、图文并茂	希望在品牌营销方面有所突破的人，应该看看
	中国品牌营销十三战法 朱玉童　编著	采纳 20 年来的品牌策划方法，同时配有大量的案例	众包方式写作，丰富案例给人启发，极具价值
	今后这样做品牌：移动互联时代的品牌营销策略 蒋　军　著	与移动互联紧密结合，告诉你老方法还能不能用，新方法怎么用	今后这样做品牌就对了
	中小企业如何打造区域强势品牌 吴　之　著	帮助区域的中小企业打造自身品牌，如何在强壮自身的基础上往外拓展	梳理误区，系统思考品牌问题，切实符合中小区域品牌的自身特点进行阐述
渠道通路	**快消品营销与渠道管理** 谭长春　著	将快消品标杆企业渠道管理的经验和方法分享出来	可口可乐、华润的一些具体的渠道管理经验，实战
	传统行业如何用网络拿订单 张　进　著	给老板看的第一本网络营销书	适合不懂网络技术的经营决策者看
	采纳方法：化解渠道冲突 朱玉童　编著	系统剖析渠道冲突，21 个渠道冲突案例、情景式讲解，37 篇讲义	系统、全面
	学话术　卖产品 张小虎　著	分析常见的顾客异议，将优秀的话术模块化	让普通导购员也能成为销售精英
	向高层销售：与决策者有效打交道 贺兵一　著	一套完整有效的销售策略	有工具，有方法，有案例，通俗易懂
	通路精耕操作全解：快消品 20 年实战精华 周　俊　陈小龙　著	通路精耕的详细全解，每一步的具体操作方法和表单全部无保留提供	康师傅二十年的经验和精华，实践证明的最有效方法，教你如何主宰通路

续表

管理者读的文史哲·生活			
书名.作者		内容/特色	读者价值
思想·文化	**德鲁克管理思想解读** 罗　珉　著	用独特视角和研究方法,对德鲁克的管理理论进行了深度解读与剖析	不仅是摘引和粗浅分析,还是作者多年深入研究的成果,非常可贵
	德鲁克与他的论敌们:马斯洛、戴明、彼得斯 罗　珉　著	几位大师之间的论战和思想碰撞令人受益匪浅	对大师们的观点和著作进行了大量的理论加工,去伪存真、去粗存精,同时有自己独特的体系深度
	德鲁克管理学 张远凤　著	本书以德鲁克管理思想的发展为线索,从一个侧面展示了20世纪管理学的发展历程	通俗易懂,脉络清晰
	王阳明"万物一体"论:从"身－体"的立场看(修订版) 陈立胜　著	以身体哲学分析王阳明思想中的"仁"与"乐"	进一步了解传统文化,了解王阳明的思想
	自我与世界:以问题为中心的现象学运动研究 陈立胜　著	以问题为中心,对现象学运动中的"意向性""自我""他人""身体"及"世界"各核心议题之思想史背景与内在发展理路进行深入细致的分析	深入了解现象学中的几个主要问题
	作为身体哲学的中国古代哲学 张再林　著	上篇为中国古代身体哲学理论体系奠基性部分,下篇对由"上篇"所开出的中国身体哲学理论体系的进一步的阐发和拓展	了解什么是真正原生态意义上的中国哲学,把中国传统哲学与西方传统哲学加以严格区别
	中西哲学的歧异与会通 张再林　著	本书以一种现代解释学的方法,对中国传统哲学内在本质尝试一种全新的和全方位的解读	发掘出掩埋在古老传统形式下的现代特质和活的生命,在此基础上揭示中西哲学"你中有我,我中有你"之旨
	治论:中国古代管理思想 张再林　著	本书主要从儒、法墨三家阐述中国古代管理思想	看人本主义的管理理论如何不留斧痕地克服似乎无法调解的存在于人类社会行为与社会组织中的种种两难和对立
	车过麻城 再晤李贽 张再林　著	系统全面而又简明扼要地展示了李贽独到的学术眼力和超拔的理论建树	帮助读者重新认识李贽的思想
	中国古代政治制度(修订版)上:皇帝制度与中央政府 刘文瑞　著	全面论证了古代皇帝制度的形成和演变的历程	有助于读者从政治制度角度了解中国国情的历史渊源
	中国古代政治制度(修订版)下:地方体制与官僚制度 刘文瑞　著	全面论证了古代地方政府的发展演变过程	有助于读者从政治制度角度了解中国国情的历史渊源

续表

思想·文化	**中国思想文化十八讲(修订版)** 张茂泽　著	中国古代的宗教思想文化,如对祖先崇拜、儒家天命观、中国古代关于“神”的讨论等	宗教文化和人生信仰或信念紧密相联,在文化转型时期学习和研究中国宗教文化就有特别的现实意义
	史幼波《大学》讲记 史幼波　著	用儒释道的观点阐释大学的深刻思想	一本书读懂传统文化经典
	史幼波《周子通书》《太极图说》讲记 史幼波　著	把形而上的宇宙、天地,与形而下的社会、人生、经济、文化等融合在一起	将儒家的一整套学修系统融合起来
	史幼波《中庸》讲记(上下册) 史幼波　著	全面、深入浅出地揭示儒家中庸文化的真谛	儒释道三家思想融会贯通
	梁涛讲《孟子》之万章篇 梁　涛　著	《万章》主要记录孟子与万章的对话,涉及孝道、亲情、友情、出仕为官等	作者的解读能帮助读者更好地理解孟子及儒学
	两晋南北朝十二讲(修订版) 李文才　著	作为一本普及性读物,作者尊重史实,运用“历史心理学”的叙事方法,分12个专题对两晋南北朝的历史进行阐述	让读者轻松了解两晋南北朝的历史
	每个中国人身上的春秋基因 史贤龙　著	春秋368年(公元前770-公元前403年),每一个中国人都可以在这段时期的历史中找到自己的祖先,看到真实发生的事件,同时也看到自己	长情商、识人心
	与《老子》一起思考:德篇 史贤龙　著	打通文史,回归哲慧,纵贯古今,放眼中外,妙语迭出,在当今的老子读本中别具一格	深读有深读的回味,浅尝有浅尝的机敏,可给读者不同的启发
	说服天下:《鬼谷子》的中国沟通术 翟玉忠　著	由内圣而外王,从心力的培育到具体的说服理论,再到生动的说服案例	从商业到军事再到日常生活,沟通说服已经变得越来越重要
	郑子太极拳理拳法 杨竣雄　著	走进郑子太极拳完整训练体系的大门,随着书中另一主角——师父的课程安排与每日功课的练习	当您学完这套书后,在掌握拳架的同时具备诸多正确的太极理念与系统知识
	内功太极拳训练教程 王铁仁　编著	杨式(内功)太极拳(俗称老六路)的详细介绍及具体修炼方法,身心的一次升华	书中含有大量图解并有相关视频供读者同步学习
	中医治心脏病 马宝琳　著	引用众多真实案例,客观真实地讲述了中西医对于心脏病的认识及治疗方法	看完这本书,能为您节约10万元医药费